C.H.BECK WISSEN

Gustav Mahlers neun Sinfonien sowie die (unvollendete) *Zehnte* zählen weltweit zum zentralen Konzertrepertoire. Von Anfang an sprengte Mahler die traditionellen Gattungsgrenzen, vor allem zwischen Lied und Sinfonie. Und obwohl er, der begnadete Dirigent und Direktor der Wiener Hofoper, nie eine Oper komponiert hat, finden sich in seinen Sinfonien zahlreiche Beispiele gleichsam szenischer Provenienz: eine Theatralik ohne Bühne. Seine Sinfonien beschreiben häufig eine Welt schroffer Ausdruckskontraste, die elementare musikalische Kategorien wie etwa Marsch, Lied, Choral, volksmusikalische Einflüsse, aber auch katastrophal anmutende Klangeruptionen und Zusammenbrüche einerseits, krönende Finalsteigerungen andererseits beinhalten. Nach der monumentalen 8. Sinfonie («Sinfonie der Tausend») herrscht in seinen beiden letzten die Aura des Abschieds vor. Das allmähliche Verstummen der musikalischen Ereignisse wird zum zentralen Moment des musikalischen Ausdrucks und eröffnet eine neue Perspektive von Finalsätzen abseits jeglichen triumphalen Gestus.

Peter Revers ist Professor für Historische Musikwissenschaft an der Kunstuniversität Graz. Seine Publikationsschwerpunkte sind neben dem Werk Mahlers das Schaffen Mozarts sowie Musik des 19.–21. Jahrhunderts, wobei auch der Rezeption außereuropäischer Musik eine bedeutende Rolle zukommt.

Peter Revers

MAHLERS SINFONIEN

Ein musikalischer Werkführer

C.H.Beck

Originalausgabe

www.chbeck.de
Satz: C.H.Beck.Media.Solutions, Nördlingen
Druck und Bindung: Druckerei C.H.Beck, Nördlingen
Reihengestaltung Umschlag: Uwe Göbel (Original 1995, mit Logo),
Marion Blomeyer (Überarbeitung 2018)
Umschlagabbildung: Gustav Mahler (verfremdet), © Wikipedia
Printed in Germany
ISBN 978 3 406 74732 8

myclimate

klimaneutral produziert
www.chbeck.de/nachhaltig

Inhalt

Meiner Gattin Lucy Wei-tzu Revers-Chin, die meinen Lebensweg seit meinen ersten Mahler-Publikationen begleitet hat, widme ich dieses Buch in Liebe und Dankbarkeit.

Für wertvolle Ratschläge sowie die kritische Durchsicht des Manuskripts danke ich meinen Kollegen Klaus Aringer und Thomas Wozonig.

Nicht zuletzt gebührt mein Dank dem äußerst sorgfältigen und umsichtigen Lektorat des Verlags C.H.Beck, insbesondere Stefan von der Lahr und Andrea Morgan.

I. Einführung

Einflüsse auf ... und Wege zu Mahlers Sinfonien

Gustav Mahlers neun vollendete Sinfonien sowie die teilweise in Partitur, zum Großteil aber nur im Particell überlieferte letzte, unvollendet gebliebene 10. Sinfonie, zählen im gegenwärtigen Musikleben nicht nur zu den meistgespielten, sondern haben seit ihren ersten Aufführungen bis in die heutige Zeit eine Vielfalt unterschiedlicher Deutungsperspektiven erfahren. Mahler hat während seines Studiums am Konservatorium der Gesellschaft der Musikfreunde in Wien einige wenige Kammermusikstücke komponiert, von denen lediglich ein Klavierquartettsatz in a-Moll erhalten blieb. Eine Reihe von Werken, darunter auch einige Opernprojekte, ging nicht über bloße Entwürfe bzw. heute nicht mehr feststellbare Grade der Ausarbeitung hinaus, v.a. auch eine von Natalie Bauer-Lechner erwähnte *Nordische Symphonie*. Als einziges für Mahlers frühes orchestrales Schaffen bedeutendes Vorgängerwerk kann im Grunde nur sein ungemein ausladendes und in vieler Hinsicht zukunftsweisendes «Märchen für Soli, Chor u[nd] Orchester: *Das klagende Lied*» gelten, das Mahler nicht nur explizit als sein «op. 1» deklariert hat, sondern diesem auch als «erste[m] Werk, in dem ich mich als ‹Mahler› gefunden» habe (GMB 1996: 205), eine herausragende Rolle in seiner frühen Schaffensentwicklung beigemessen hat. Wie bei vielen seiner späteren Werke handelt es sich auch hier um ein Komponieren, «das stets ein Erkunden war, ein Experiment mit offenem Ausgang» (Gülke 2011: 404). Das *Klagende Lied* kann in diesem Sinne als paradigmatischer Erstling verstanden werden, als hochdifferenzierter Gattungshybrid, der nicht zuletzt die vielfältigen, eruptiven geistigen und künstlerischen Erfahrungen widerspiegelt, die Mahler gegen Ende der

1870er Jahre durch seinen engen Freund Siegfried Lipiner empfangen hat.

Lipiner hatte nachhaltigen Einfluss auf die Entwicklung von Mahlers geistiger Welt. Dessen 1876 erschienene Dichtung *Der entfesselte Prometheus*, von Friedrich Nietzsche anfangs enthusiastisch gepriesen, hat Mahler tief beeindruckt. Er erkannte in Lipiners literarischen Werken eine explizit musikalische Dimension. «In Deiner Dichtung weht *diese* Musik», so schreibt Mahler an Lipiner im Juni 1899 und hebt mit Nachdruck die Bedeutung dieser engen Bande zwischen Literatur und Musik hervor (GMB 1996: 264). Ein weiterer, mit Lipiner verbundener und für Mahlers geistige wie künstlerische Formung wesentlicher Impuls war der «Pernerstorfer Kreis», benannt nach dem Mitbegründer der Sozialdemokratie in Österreich, Engelbert Pernerstorfer (1850–1918), in dem der junge, charismatische Lipiner sehr bald eine führende Rolle eingenommen hat. Die wesentlichen geistigen Anker dieser studentischen Bewegung waren Nietzsche und Wagner. Unter Nietzsches Schriften wurde u. a. dessen Abhandlung *Schopenhauer als Erzieher* intensiv diskutiert. Nietzsche proklamierte etwa die Vision einer neuen Gemeinschaft der Menschheit, in der nicht tradierte äußerliche Formen und Gesetze, sondern die fundamentale Idee der Kultur deren Zusammenhalt gewährleisten. Innerhalb dieser wären Philosophen und Künstler die Protagonisten von Selbsterkenntnis und der Schaffung eines neuen Wertesystems. Eine wesentliche Rolle spielte dabei die Suche nach dem Genie, das man vermutlich in dem jungen Mahler erkannten. Vor allem aber begann seit den späten 1870er Jahren das Werk und Denken Richard Wagners immer stärkeren Einfluss auf die geistige Orientierung der (vor allem jungen) Mitglieder des Pernerstorfer Kreises zu nehmen.

Für Mahler war Wagner ein wirkungskräftiger Impuls für neue kompositorische Entwicklungen auch außerhalb des Musikdramas. Die von ihm erstrebte «Vereinigung der Künste», die Voraussetzung für das «eigentliche Kunstwerk» sei (NBL 2: 34), hat Mahler auf seinem ureigenen Feld, der Sinfonie und dem Lied, verwirklicht. Dies hatte allerdings ein grundsätzliches

Überdenken beider Gattungstraditionen zur Folge. Denn einerseits war für ihn die Verbindung von Ton und Wort in der Entwicklung seiner Sinfonien von ausschlaggebender Bedeutung, andererseits finden sich integrative Kunstkonzepte schon beispielhaft in Mahlers *Klagendem Lied*, das zahlreiche Charakteristika seiner späteren Sinfonien vorwegnimmt. Erstmals zeigt sich hier jene für seine Zeit typische Tendenz zur Sprengung traditioneller Grenzen zwischen vokalen und instrumentalen Gattungen. Und es wäre kaum übertrieben zu behaupten, dass Mahler bereits in diesem Frühwerk ein entschieden in Richtung «Gesamtkunstwerk» tendierendes Konzept verwirklicht hat.

Theatralik ohne Bühne: Einflüsse des Musiktheaters auf Mahlers Sinfonien

Mahler, dessen frühe musiktheatralische Projekte entweder kaum über das Stadium der Librettoerstellung hinausgelangt oder entsprechende kompositorische Quellen verschollen sind, hat sich bereits in jungen Jahren von der Gattung Oper distanziert. Gleichwohl findet sie in seinen Sinfonien und Liedern Niederschlag in mehr oder weniger konkreten Allusionen sowie vor allem in Merkmalen seiner Dramaturgie der Klanggestaltung, die über das ureigene sinfonische Œuvre hinausgehend häufig eine virtuelle Szenerie beschwört und diese in Mahlers eigenes «inwendiges Bilderreich» transformiert (Adorno 2019: 219). Dies sei anhand einiger weniger Beispiele konkretisiert. Der Kopfsatz seiner 3. Sinfonie ist wesentlich durch Märsche verschiedenster Art bestimmt, die allerdings keinerlei zwingende Bezugsfolge erkennen lassen. Einem Trauermarsch, von Mahler als «schwer und dumpf» (ab T. 27) beschrieben, folgt kurz danach (T. 136ff.) eine von Klarinetten, Flöten und Streichertremoli luzid grundierte, von 1. Oboe und wenig später der Solovioline ausgeführte, schwerelose Marschbewegung, die nach wenigen Takten von brüsk im *fortissimo* einbrechenden Klarinetten (darunter grell klingenden Es-Klarinetten) beendet wird, sich in fallenden Quarten und wellenförmiger Sechzehntelbewegung der Violoncelli und Kontrabässe in der Tiefe verliert und schließlich im Nichts verklingt, bevor ab T. 164 der Trauermarsch erneut anhebt. Die verschiedenen Marschcharaktere werden gleichsam zu Personen einer imaginären Bühne, die – einem Ensemble gleich – abwechseln, sich in die Parade fahren, ohne aber zu einem wirklichen Ziel zu gelangen. Die «szenische Präsenz», die dieses «Marschensemble» suggeriert, wird zusätzlich durch ein weiteres, generell für diesen Kopfsatz typisches Mittel erreicht, nämlich ihr pointiertes Auf- und Abtreten. Sowohl der Trauermarsch als auch jener erwähnte der Oboe und Solovioline werden jeweils durch die Große Trommel, die Tempo und Metrum, aber auch eine räumliche Perspektive des allmählichen Näherkommens oder Sich-Entfernens vorgibt, markiert. Solchen Momenten einer instrumentalen Szene kommt somit auch eine formstiftende Funktion zu. Am deutlichsten wird dies in den letzten Takten des Durchführungsteils (ab T. 635). Zuvor schichtet Mahler mehrere Märsche übereinander, die sich zunächst im *ppp* «wie aus weitester Ferne» lediglich andeuten (T. 463 ff.), sich allmählich verdichten, schließlich ab T. 530 die dominante Materialebene ausmachen und eine zunehmend vorwärts drängende Bewegungsdynamik auslösen (im Partiturautograph konkretisierte Mahler dies mit Hinweisen wie «Die Schlacht beginnt», «der Südsturm» und «Vorwärts stürmen»). Allerdings zerbirst diese Marschkumulierung an ihrer eigenen, zügellosen und immer chaotischer werdenden Energie: Sie führt nicht zu einem Ziel, sondern zerfällt in einzelne Partikel. Diese werden zwar letztlich von mehreren, in der Entfernung aufgestellten kleinen Trommeln aufgefangen (die im «alten Marschtempo, ohne Rücksicht auf Celli und Bässe» den ursprünglichen Bewegungsduktus des Marsches wiederherstellen), verlieren sich aber nahezu unhörbar in räumlicher Entfernung und geben der Wiederkehr des einleitenden «Weckrufs» der acht Hörner Raum. Diese plastische «Klanginszenierung» rückt die Funktion der Reprise, die mit dem Wiederaufgreifen des «Weckrufs» (ab T. 643) beginnt, in eine über ihre formale Bedeutung deutlich hinausgehende inhaltliche Ebene. Denn sie schafft, nach den vorangegangenen Marschturbulenzen, Halt und Orientierung: eben einen «Weckruf», der an dieser Stelle als Ordnung stiftende musikalische Gestalt in Erscheinung tritt.

In anderer Weise treten opernhafte Momente in Mahlers 7. Sinfonie in Erscheinung, die allerdings kontroverse Beurteilungen hervorgerufen haben. Vor allem das «Rondo-Finale» wurde seit dem Uraufführungsjahr (1908) Gegenstand z. T. äußerst polemischer Auseinandersetzungen, in deren Mittelpunkt vor allem die Beziehung dieses Satzes zu Wagners *Die Meistersinger von Nürnberg* stand. Beispielhaft ist eine Aussage Theodor W. Adornos, die für die ästhetische Einschätzung dieses Finalsatzes von entscheidender Bedeutung war. Er kritisiert zunächst ein offenkundiges Missverhältnis in diesem Satz zwischen äußerlich «prunkvoller Erscheinung» und dem «mageren Gehalt des Ganzen», den er auf die Monotonie einer «unentwegten Diatonik» zurückführt und folgert: «Der Satz ist theatralisch: so blau ist nur der Bühnenhimmel über der allzu benachbarten Festwiese. Die Positivität des per aspera ad astra [...] kann sich nur als Tableau, als Szene mit buntem Getümmel offenbaren [...]» (Adorno 2019, 281). Zweifellos kommt vor allem dem Satzbeginn ein für festliche Aufzüge typischer, bravourhafter Duktus zu, der in seiner ungeschminkten Direktheit in der Tat das Wagner'sche Vorbild in Erinnerung ruft. Allerdings wird dieses in geradezu radikaler Weise konterkariert. Denn am Ende des 1. Ritornells (Z. 228 f.) mündet zwar die Turbulenz der Fanfaren in einen krönenden C-Dur-Akkord, der aber abgerissen wird und – gleichsam in Schockstarre – einem tonal weit entfernten As-Dur-Dreiklang der Holzbläser weicht. Opernaffinitäten in Mahlers Sinfonik sind keineswegs nur affirmativ, sondern – im Gegenteil – häufig kritisch distanziert, wobei die Vorbilder ebenso suggestiv in Erscheinung treten, wie sie gebrochen, ja nicht selten in ihr Gegenteil verkehrt werden. In ähnlicher Weise trifft dies auf eine spätere Passage des Finalsatzes der 7. Sinfonie zu: Bei Z. 269 beginnt unvermittelt eine überdeutlich an die Tradition «türkischer Musik» in Gestalt von Mozarts *Entführung aus dem Serail* erinnernde Passage. Ihr geht eine lediglich acht Takte umfassende, von «starkem Glockengeläute» geprägte Erinnerung an den Eingangsrefrain voraus, und sie mündet in einen Zusammenbruch (eine für viele Werke Mahlers charakteristische Einsturzfigur, Z. 273), aus dem sie – vollkommen unvermittelt – in einen menuettartigen Duktus übergeht, der bereits zweimal zuvor mit der Bezeichnung «Grazioso» in Erscheinung getreten ist. Mahlers opernhafte Anklänge sind hier Teil einer Satzanlage, die von einer bemerkenswerten Fülle an musikalischen Gattungen und Stilebenen geprägt ist: eine Reise gleichsam durch die Musik in ihrer Vergangenheit und Gegenwart. Die Opernallusionen, die Mahler überdeutlich in Szene setzt, sind nicht zuletzt auch Konventionen, die er einem «prüfenden Wiederhinsehen» (Bloom 1997: 10) unterwirft und damit auf frappierende Weise neues Licht auf die scheinbar bekannten Vorbilder wirft. Ein damit zusammenhängender Aspekt betrifft den von Mahler mehrfach erwähnten «heiteren, humoristischen» Charakter dieses Werks. Anna Stoll-Knecht etwa hat deutlich karikaturhafte Züge im Finale von Mahlers 7. Sinfonie, und zwar konkret auf die Figur des Sixtus Beckmesser in Wagners *Meistersingern* bezogen, zur Diskussion gestellt. Ähnlich Beckmesser, der im 3. Akt eine rasch niedergeschriebene (und sehr schwer lesbare) Mitschrift des späteren Meisterliedes Walther von Stolzings findet, dieses aber in extrem entstellter Weise vorträgt, verfahre auch Mahler mit der vorgefundenen Tradition auf durchaus eigenwillige Weise: «In a way, Mahler and Beckmesser both ‹borrow› material from another composer and radically transform its original meaning.» (Stoll-Knecht 2017: 112). Hier stellt sich die Frage, ob für derartige Verfahren nicht der Einfluss Jean Pauls, dessen Schriften für Mahler eine kaum zu überschätzende Bedeutung hatten, weitaus naheliegender ist. Denn im Grunde ist all das, was Stoll-Knecht für Beckmesser reklamiert, bereits im Werk Jean Pauls angelegt: Allen voran sind dies eine Vielfalt von Identitäten, das Parodistische, die Neigung zur Groteske und zum Humor, der aber zugleich Trauer und Trost umfasst, schließlich auch die Schaffung einer Welt, in der Pathos und Karikatur gleichermaßen ihre Daseinsberechtigung haben (Fischer 2003: 177). Die Assimilation des Opernhaften in Mahlers Sinfonik ist zweifellos nicht auf bloße musikalische Bezugnahmen reduzierbar, sondern jeweils Teil eines umfassenden, in hohem Maße literarisch inspirierten Totalitätsanspruchs von Sinfonie, in der Jean Pauls Methode der «Weltaneignung und schöpferischen Umformung» (Fischer 2010: 57), das Aufbrechen von tradierten Gattungsgrenzen zugunsten übergreifender, ja nicht selten hybrider Konzeptionen, eine konsequente Umsetzung findet.

Sinfonie und Lied

Dass Mahlers Sinfonien in vieler Hinsicht eine Sprengung der Gattungsgrenzen bedeuten, ist im reichen Mahler-Schrifttum unbestritten. Bereits in seinem Frühwerk lässt sich eine auffällige Neigung zu werk- und gattungsübergreifenden Konzeptionen erkennen. Ein markantes Beispiel bietet etwa das G-Dur-Trio des 3. Satzes der 1. Sinfonie (Z. 10), in dem Mahler auf eine Motivwelt zurückgreift, die er erstmals im *Klagenden Lied*, später dann auch im vierten seiner *Lieder eines fahrenden Gesellen* verwendet hat: in beiden Fällen eine Traumwelt, scheinbar abseits jeglicher Bedrohung (*Klagendes Lied*: I. *Waldmärchen*, T. 528–543, *Lieder eines fahrenden Gesellen*: IV. *Die zwei blauen Augen*, T. 41–67; 1. Sinfonie, III: T. 83–112). Die enge Verknüpfung zwischen Lied und Sinfonie geht fraglos auf Vorbilder zurück, die auch für Mahlers musikalische Entwicklung eine entscheidende Rolle spielten. Allen voran ist hier an Franz Schubert zu denken, dessen Lieder seit Mahlers Studienzeit und seinem Wirken als Liedbegleiter während seiner frühen Engagements als Kapellmeister einen wichtigen Teil seiner musikalischen Aktivitäten ausgemacht haben. Die Transformierung des Liedes in die Instrumentalmusik, etwa in Schuberts *Forellenquintett*, D 667, oder dem Streichquartett d-Moll, D 810 (*Der Tod und das Mädchen*), dessen 2. Satz Mahler für Streichorchester arrangiert und am 19.11.1894 in Hamburg uraufgeführt hat, ist diesbezüglich zweifellos ein wichtiger Vorläufer. Die Integration von Liedern oder liedhaften Elementen lässt sich in der Instrumentalmusik bereits deutlich vor Mahlers Zeit beobachten, und zu Recht setzt – damit einhergehend – Siegfried Oechsle mit den Jahren ab 1840 eine «neue Zeit der

Symphonie» an (Oechsle 1992: IX). Allerdings geht Mahler wesentlich über diese Vorbilder hinaus, und zwar nicht nur durch die Einbeziehung von Liedern als genuine Sinfoniesätze (Sinfonien 2–4, im Falle der *Vierten* sogar als Finalsatz), sondern – wie im *Lied von der Erde* – als Gattungshybrid, bei dem sämtliche sechs Sätze vokal/instrumental konzipiert sind: ein Verfahren, das Rezensenten nach der im November 1911 erfolgten Uraufführung von einer «Liedsymphonie» sprechen ließ.

Mahlers sinfonisches Œuvre im Kontext der Gattungstradition

Sosehr sich bei Mahler vokale und instrumentale Traditionen durchdringen, so deutlich knüpft er allerdings auch an die Tradition kammermusikalischer und orchestraler Gattungen an, wobei Beethoven, Schumann, Brahms und Bruckner die wohl zentralen Anker seiner diesbezüglichen Orientierung bildeten. Vor allem in Mahlers interpretatorischer Auseinandersetzung mit Beethoven zeigen sich Tendenzen, die sowohl ein Weiterdenken der Vorlagen in Richtung seiner eigenen Klangästhetik als auch die Bedeutung des Beethoven'schen Œuvres für seine eigene sinfonische Dramaturgie umfassen. Paradigmatisch sind etwa Mahlers Eingriffe anlässlich seiner Aufführung von Beethovens *Neunter Sinfonie* am 11. März 1895 in Hamburg, bei der er im Finalsatz die «alla marcia»-Passage bis zum Einsatz des Tenorsolos (T. 331–375) von einem Fernorchester ausführen ließ. Die Klangidee eines «aus der Ferne herannahenden Marsches» (Floros II: 160) steht dabei in auffälligem zeitlichen Zusammenhang mit dem Finalsatz von Mahlers 2. Sinfonie, der knapp drei Monate vor der erwähnten Beethoven-Aufführung in Partiturreinschrift vollendet wurde. Bei Mahler kommt allerdings ein ausgeprägter Antagonismus zwischen der vom Hauptorchester getragenen Vorwegnahme eines später vom Altsolo gesungenen Ausdrucks der Zuversicht («O glaube, mein Herz! O glaube: Es geht dir nichts verloren!», Z. 39; instrumentale Vorwegnahme, Z. 21) und den fanfarenhaften Einwürfen der «in weitester Ferne» aufgestellten Trompeten zum Tragen. Es ist wesentlich diese Kollision der beiden Ebenen, die konsequent zum apokalyptischen Höhepunkt nach Z. 26 führt. Dieser Akkord (Orgelpunkt Cis, darüber h-Moll-Dreiklang) greift deutlich den Beginn des Finalsatzes auf (dort Orgelpunkt C, darüber b-Moll-Dreiklang), der wiederum dem katastrophalen «Aufschrei» am Höhepunkt des Scherzosatzes (dort ab T. 465) entstammt. Mahler war sich der außergewöhnlichen Bedeutung dieses eruptiven, krisenhaften Ausdrucksgestus bewusst: Er hatte ihn im Scherzo ursprünglich nicht vorgesehen, aber noch im Juli 1893 (während des Kompositionsprozesses) «in den dramatischen Verlauf dieses Satzes integriert» (Hefling 2011: 259). Die angespannte Expressivität dieses Katastrophenhöhepunkts hat Mahler gegenüber seiner damaligen Begleiterin Natalie Bauer-Lechner eindrücklich hervorgehoben: «So ist es mir jetzt im Scherzo bei einem Passus ergangen, den ich schon aufgegeben hatte und wegließ, dann aber auf einem Beiblatt doch hinzugefügt habe. Und nun sehe ich, daß es die unerläßlichste, gewaltigste Stelle des Ganzen ist.» (NBL 2: 26). Während also in Mahlers 2. Sinfonie der katastrophale Moment auch als zentraler Angelpunkt der Erinnerung fungiert, finden wir im Finalsatz von Beethovens *Neunter* ein zwar dramaturgisch anders geartetes, in mancher Hinsicht aber durchaus vergleichbares Verfahren: Dort ist es ein dissonierender, B-Dur- und d-Moll-Dreiklang überlagernder Akkord. Diese extreme, durch die Instrumentation noch massiv verschärfte Klanglichkeit, ein geradezu schockhafter Moment am Beginn des Finalsatzes, die bei Beethoven nach nur acht Takten eines instrumentalen Rezitativs wiederkehrt, hat dramaturgisch zweifache Funktion: Sie setzt zunächst mit den anschließenden Zitaten der Hauptthemen (bzw. Themenanfänge) der drei vorangegangenen Sätze Erinnerung frei. Bei ihrem dritten Erklingen aber, kurz vor dem ersten Einsatz der Singstimme (Bariton-Solo: «O Freunde, nicht diese Töne!»), erweitert sie die reflexive Dimension von Erinnerung zu einer auf die Zukunft gerichteten, von Hoffnung, Verheißung bis hin zur Erlösungsperspektive («überm Sternenzelt muß ein lieber Vater wohnen») geprägten Ausdruckswelt. In durchaus vergleichbarer Weise vollzieht sich ein derartiger Prozess von Schrecken und Erinnerung hin zur Erlösung im Finalsatz von Mahlers 2. Sinfonie. Auch hier kommt der Erinnerung an den «Aufschrei» des Scherzosatzes am Beginn des Finales eine geradezu schockhafte Wirkung zu, indem sich die forcierte Spannung des initialen b-Moll (über dem Orgelpunkt C) in T. 26 überraschend in ein ruhiges, geradezu sphärisches C-Dur löst, und die Holzbläser und Hörner ein Motiv antizipieren, das später die Grundsubstanz der finalen Aussage «Sterben werd' ich, um zu leben» (ab T. 696) bilden wird. Im Kontrast zu den Schreckensfanfaren entspricht Beethovens Vision der menschheitsumfassenden Freude und der Ahnung göttlicher Transzendenz bei Mahler der Weg zur hymnischen Überhöhung der Erlösungsgewissheit. In beiden Fällen erfolgt dieser Weg über die Erinnerung: Im Falle der 2. Sinfonie Mahlers sind dies nicht nur der erwähnte Scherzoaufschrei in den ersten Takten des Finalsatzes sowie – um einen Halbton höher (h-Moll über Orgelpunkt Cis) – am Beginn der (allerdings tonal versetzten) Reprise (T. 402 ff.), sondern auch Bezugnahmen auf den ersten und den vierten Satz (das *Wunderhorn*-Lied *Urlicht*).

Einen Bezug zum Kopfsatz der *Neunten* Beethovens weist der Beginn von Mahlers 1. Sinfonie auf. In beiden Fällen wird nicht ein Thema als fertige, in sich gefestigte Gestalt, sondern vielmehr als allmähliche Entstehung aus elementaren Bausteinen exponiert. Das Beginnen und Gestaltwerden der Musik selbst bildet auch bei Mahler die wohl entscheidende kompositorische Idee seines sinfonischen Erstlings. Was sich bei Beethoven innerhalb von weniger als 20 Takten vollzieht, erstreckt sich bei Mahler allerdings über einen wesentlich längeren Zeitraum. Ausgehend vom Basisintervall der fallenden Quart (bei Beethoven sind es Quart und Quint), entfaltet er eine musikalische Dramaturgie, die im Grunde den ganzen Kopfsatz hindurch ein ständiges Changieren zwischen elementarem Baustein (Quart) und davon abgeleiteten, aber auch eigenständigen motivischen und thematischen Gedanken ist. In der von Mahler «wie ein Naturlaut» bezeichneten Einleitung (T. 1–62) tritt dieses Intervall als isoliertes Element, als Sequenz mehrerer fallender Quarten, als Stilisierung eines Kuckucksrufes, der sich nicht dem zugrunde liegenden Tempo und Metrum unterordnet (T. 30 ff. und 45 ff.), sowie als polyphon gestaffelte Überlagerung fallender Quartsequenzen (ab T. 49) in Erscheinung. Noch bevor das Quartintervall den Beginn einer erstmaligen, übergreifenden thematischen Gestalt bildet, in der Mahler auf das zweite *Lied eines fahrenden Gesellen* («Ging heut' morgen übers Feld») zurückgreift (T. 62–71), kehrt er zum Element der reinen Quart zurück. Und auch nach dem Ende des ersten Erklingens des Liedthemas (T. 71–74) ist es dieses nackte Intervall, das den Übergang zur nächsten, diesmal polyphon aufgefächerten Variante des erwähnten Liedthemas (T. 74–83) bildet. Noch in den letzten Takten des Kopfsatzes macht sich die Gleichberechtigung von elementarem Baustein (Quart) und komplexeren Motiven aus dem Liedthema bemerkbar. Dabei tritt die Quart, isoliert im *ff* der Pauken (ab T. 439), als autonomer musikalischer Moment in Erscheinung. Zweimal folgt ihm eine Generalpause: Das musikalische Kontinuum, das selbst angesichts der wenigen, naturlauthaften motivischen Elemente im Anfangsteil noch ansatzweise gewahrt war, wird am Ende des Satzes radikal aufgebrochen.

Natalie Bauer-Lechner überliefert Mahlers Hinweis, dass das «Komponieren [...] wie ein Spielen mit Bausteinen» sei, «wobei aus denselben Steinen immer ein neues Gebäude entsteht. Die Steine aber liegen von der Jugend an, die allein zum Sammeln und Aufnehmen bestimmt ist, alle schon fix und fertig da.» (NBL 2: 138). Der «Baustein»-Gedanke, den Mahler hier anspricht, greift nicht nur strukturelle Aspekte auf, wie sie am Beginn von Beethovens *Neunter* in Erscheinung treten, sondern lässt auch Parallelen zu einem weiteren, wichtigen Vorbild für Mahler erkennen, nämlich den Sinfonien Anton Bruckners. Der Kopfsatz von dessen 3. Sinfonie bildet in vieler Hinsicht ein Novum in Bruckners Konzeption von Sinfonie. Das Hauptthema beginnt im fünften Takt in der Trompete und wird durch einen denkbar einfachen, elementaren musikalischen Gedanken, bestehend aus fallender Quart und anschließender Quinte, eingeleitet. Im Laufe des Satzes wird es ständigen Veränderungen unterzogen: Es erscheint in Umkehrung, der Themenkopf wird zum Gegenstand vielfältiger Imitationen, und später (am Beginn der Durchführung) wird es in einer Weise zerdehnt, dass die motivische Integrität selbst gefährdet erscheint. Es mag nicht wenig überraschen, dass sich in der zweiten und dritten Fassung dieser Sinfonie (1877, 1890) keine einzige der Manifestationen dieses Themas im Verlaufe des Satzes wiederholt. Die Exposition des Hauptthemas tritt nicht als in sich geschlossene Gestalt in Erscheinung, die im weiteren Verlauf Gegenstand von motivischer Verarbeitung, Abspaltung und Ableitung wird, sondern als elementares Material ständiger Entwicklung, Veränderung und Neuformulierung. Dabei sind die Eingriffe in das Hauptthema nicht Gegenstand bestimmter formaler Abschnitte (wie z.B. des Durchführungsteils), sondern durchziehen das Ganze des Sinfoniesatzes. Das Thema wird begonnen, aber es kommt zu keinem eigentlichen Abschluss. Es eröffnet vielmehr einen Komplex verschiedener Realisierungsmöglichkeiten einer zugrunde liegenden Basisstruktur, also eines «Baustein»-Prinzips, das – wie auch in Mahlers 1. Sinfonie – Ausgangspunkt einer satz- bzw. werkübergreifenden Dramaturgie ist. Bei Mahler ist zwar das Spektrum an Varianten reicher, sind diese unterschiedlicher, kontrastierender als in Bruckners *Dritter*. Aber auch hier ist das Überfließen einer einmal gesetzten Gestalt in eine neue ebenso das eigentlich «Thematische» wie deren spezifische melodische und rhythmische Struktur. Mahlers detaillierte Kenntnis von Bruckners 3. Sinfonie resultiert aus sehr früher Zeit. Bereits 1878, noch während seiner Studienzeit am Konservatorium der Gesellschaft der Musikfreunde in Wien, hat er zusammen mit seinem Studienkollegen Rudolf Krzyzanowski einen vierhändigen Klavierauszug dieses Werkes angefertigt. Wesentlich ist aber, dass die Bezüge zwischen dem Schaffen beider Komponisten über gewisse thematische oder motivische Ähnlichkeiten hinausgehen und sich vor allem in weniger offenkundigen Ebenen der Werkstruktur niederschlagen: Wie am erwähnten Beispiel des «Baustein»-Prinzips ersichtlich, sind dies eher Aspekte der konkreten Umsetzung grundsätzlicher kompositorischer Problemstellungen.

Der Dirigent Mahler, der Bruckners Partituren zum Teil massiv retouchiert (und damit auch seine eigene kompositorische Haltung eingebracht) hat, und der Komponist Mahler, der zwar an das Vorbild anknüpft, dieses aber in neuartiger Weise weiterdenkt: Beide Zugänge reflektieren eine Identifikation mit Bruckner, die Mahlers Äußerung gegenüber Bruno Walter verständlich macht, der zufolge er Bruckner oft seinen Vorgänger genannt und der Überzeugung Ausdruck gegeben habe, dass «sein [Mahlers] Schaffen den von dem älteren Meister eingeschlagenen Weg fortsetze» (zit. nach Stephan 1981: 77).

Affirmation und ersterbendes Ende: Klimax und Krise der «Finalsinfonie»

Ein weiterer Aspekt sinfonischer Konzeption, der für Mahlers Schaffen zentrale Bedeutung hat, wird in der Fachliteratur gemeinhin als «Finalproblem» beschrieben. Eine auf ein finales Ziel hin gerichtete Gesamtdramaturgie der sinfonischen Anlage bildet seit den Sinfonien Beethovens (vorab der 5. und 9. Sinfonie) eine zentrale gattungsästhetische Problemstellung. Mahler folgt dabei zunächst jener Synthese von Monumentalität und dem ästhetischen Primat der Erhabenheit, die innerhalb der Entwicklung der Sinfonik des 19. Jahrhunderts von besonderer Wirkungskraft war. Betrachtet man allerdings sein gesamtes sinfonisches Œuvre, so ist diese Erwartungshaltung von Überhöhung, ja zum Teil sogar der Vision von Transzendenz, keineswegs ungebrochen. Vor allem im Spätwerk, vorab der *Neunten* und – soweit man dies aus dem Particell schließen darf – seiner unvollendeten *Zehnten Sinfonie* verwirklicht Mahler ein geradezu radikales Gegenmodell: den Zerfall der musikalischen Struktur, das Ersterben von Musik selbst und ihre letztliche Auflösung hin in das gänzliche Verstummen. In Mahlers 1. Sinfonie allerdings ist der Weg des Durchbruchs und der triumphalen Apotheose noch intakt. Er selbst hat darauf verwiesen, wenn er auf eine Stelle kurz vor Erreichen der Reprise (Finale, ab T. 370) Bezug nimmt. Vor allem folgende Aussagen sind hervorzuheben:

- Mahlers kompositorisches Ziel war es, «den triumphierenden, dauernden Sieg zu erringen».
- Als Mittel hierzu diente ihm «eine freieste und kühnste Modulation» (von C-Dur nach D-Dur).
- Die wirkungsästhetische Dimension dieser tonalen Rückung wurde von Mahler explizit als Durchbruch in die Transzendenz beschrieben («Mein D-Akkord aber mußte klingen, als wäre er vom Himmel gefallen, als käme er aus einer anderen Welt.»).
- Das erwähnte kompositorische Verfahren war für Mahler Ausdruck gleichsam singulärer musikalischer Größe («wenn etwas groß ist an der ganzen Sinfonie, so ist es diese Stelle, die – ich kann es wohl sagen – ihresgleichen sucht.» NBL 2: 27).

Trotz all dieser scheinbar eindeutigen Hinweise auf das Erhabene und die unmittelbare Erfahrung von Transzendenz, zeigt sich im Gesamtgefüge dieser Sinfonie die Doppelgesichtigkeit solch vermeintlicher Durchbruchsdramaturgie. Denn bereits im Kopfsatz inszeniert Mahler das krasse Gegenteil, nämlich den gescheiterten Durchbruch. Mit hoher Emphase setzt er eine groß dimensionierte Steigerung von Des-Dur (T. 319) zum dynamischen Höhepunkt nach D-Dur (T. 352ff. in den Trompeten), der einen Dominantseptakkord überlagert, um wenige Takte später (T. 358) tatsächlich die ungetrübte Tonika (D-Dur) zu erreichen. Dort aber, wo das tonale Ziel erreicht wird, verebbt der Spannungsbogen innerhalb weniger Takte: «Es ist wie eine theatralisch auskomponierte große Enttäuschung» – so beschreibt Eckhard Roch diesen Abschnitt anschaulich (Roch 2011: 119). Am Ende des Finalsatzes nun greift Mahler diesen gescheiterten Durchbruch des 1. Satzes nochmals auf (ab T. 623) und führt ihn – in geradezu theatralischer Plastizität – zur Einlösung dessen, was der Durchbruch an Erwartungshaltung freisetzt: die monumentale Klangentfaltung als Zeichen ästhetischer Überhöhung. «Triumphal», «Die Hörner alles, auch die Trompeten übertönen», «Alle Hornisten stehen auf, um die möglichst größte Schallkraft zu erzielen» (T. 657): Mit diesen Annotationen beschwört Mahler die suggestive Gewalt jenes «hymnenartigen[n], alles übertönende[n] Choral[s]» gegen Ende dieser Sinfonie. Und in einem Brief an den Dirigenten Franz Schalk vom Februar 1898 präzisiert Mahler seine diesbezüglichen Vorstellungen: «Haben Sie eine genügende Verstärkung für den Schlußchoral der Hörner? Dieß ist mir von äußerster Wichtigkeit.» (GMUB 1983: 161). Doch damit endet das musikalische Geschehen nicht. Vielmehr wendet sich der emphatische Choral in den letzten Takten hin zu kurz abgerissenen, aufsteigenden Triolenfiguren, denen – fast unvermittelt – drei abschließende Akkordschläge folgen. Verglichen mit dem triumphalen Aufwand des Chorals stellen diese Schlusstakte geradezu eine kritische Gegeninstanz dar. Dem Aufwand an klanglichen Mitteln, um jene wirkungsästhetisch transzendente Instanz des Durchbruchs zu erreichen und den Anspruch übersteigerter sinfonischer Monumentalität einzulösen, steht am Ende der unvermittelt «fallende Vorhang» gegenüber, der in keiner Weise das einlösen will, was die klangliche Inszenierung des ungebrochenen Triumphs verspricht.

Mahlers Tendenz zu äußerster Steigerung der Monumentalität am Ende seiner Finalsätze findet sich auch in seinen beiden folgenden Sinfonien auf freilich je unterschiedliche Weise. In der 2. Sinfonie ist es die Hinzufügung des Chores als intensivste Verdeutlichung der diesem Werk innewohnenden Erlösungsmystik («Aufersteh'n, ja aufersteh'n wirst du, mein Staub, nach kurzer Ruh!»). Der zunächst (T. 472 ff.) im dreifachen *piano* gleichsam aus dem Nichts erklingende Chor wird am Ende (T. 712 ff.) im *fff* («mit höchster Kraft») mit verändertem Text («Aufersteh'n, ja aufersteh'n wirst du, mein Herz, in einem Nu!») zur unmittelbaren Gegenwärtigkeit der Erlösung, die zuvor angekündigt wurde. Mit der Einbeziehung des Chores greift Mahler fraglos auf eine Tradition zurück, die – angefangen mit Beethovens *Neunter* über Mendelssohns 2. Sinfonie (*Lobgesang*) und Liszts *Faust-Sinfonie* – die sinfonische Gattungstradition selbst gesprengt und grundsätzlich neu überdacht hat. Mahler war sich durchaus der Tatsache bewusst, dass die Rezipienten dies als «äußerliche Nachahmung Beethovens empfinden» könnten, andererseits aber das «erlösende Wort» (GMB 1996: 223) in Verbindung mit dessen äußerster klangdynamischer Intensivierung eine kaum zu überbietende sinnliche Erfahrung darstelle.

Mit dem Finalsatz seiner 3. Sinfonie, einem breit angelegten Adagio, folgt Mahler zwar äußerlich dem bis dahin einzigen Beispiel der Gattungsgeschichte, das mit einem langsamen Satz endet, nämlich Tschaikowskys 6. Sinfonie (*Pathétique*), verwirklicht allerdings eine grundlegend unterschiedliche Dramaturgie. Im Gegensatz zu dem zutiefst resignativen, im gerade noch hörbaren dynamischen Register verebbenden Schluss der *Pathétique* findet man bei Mahler ein sich über mehr als 70 Takte erstreckendes langsames Anschwellen, eine letzte Steigerung des Hauptthemas, das – wie Mahler vorschreibt – erfüllt ist von einem «gesättigten, edlen Ton» (T. 317). Nichts in diesen finalen Takten stellt das Aufscheinen ungebrochener Monumentalität in Frage: ein Faktum, das keineswegs so selbstverständlich ist, wie es auf den ersten Blick den Anschein hat. Denn dieser letzten, endgültigen Überhöhung gehen drei emphatische Steigerungspartien (Z. 6–8, Z. 19 f., vor Z. 23–24) voraus, denen allerdings gemeinsam ist, dass sie die in sie gesetzte Erwartung nicht erfüllen. Im Gegenteil: Indem sie innerhalb weniger Takte dynamisch verebben, demonstriert Mahler deren vorläufigen Status. Er greift dabei auf eine Höhepunktbildung im Kopfsatz (T. 362 ff.) zurück, die u. a. durch eine rasch aufsteigende Achtelfigur (T. 367) sowie durch ein rufartiges Hörnermotiv (T. 369 ff.) bestimmt ist. In der finalen Steigerungspartie fallen diese Elemente weg: Stattdessen findet sich in der 1. Trompete («sehr getragen und gesangvoll») eine über hohen Streichertremoli erklingende Variante des hymnenartigen Hauptthemas des Finalsatzes, die sich in den folgenden 32 Takten in einer weit gespannten Steigerung entfaltet. Dem endgültigen Erreichen der Tonika (D-Dur, T. 316) geht dabei ein deutlich artikulierter Moment des Innehaltens und der Erwartung des Kommenden voraus. Der Klang an sich, einmal mehr in den Tremoli der vielfach geteilten Streicher, öffnet intentional zu etwas Neuem, das doch eigentlich das Ende bilden sollte. Noch einmal erhebt sich der Hauptthemenkopf, aus dem schlussendlich drei intervallische Elemente (Quart, Sext und Oktav) dominieren, denen im Kontext der Sinfonie besondere Bedeutung zukommt: So bildet etwa der aufwärtsgerichtete Sextsprung den Beginn des Nachsatzes des Hauptthemas (T. 9), der Oktavsprung ist ein markantes Element des erwähnten Höhepunktes des Kopfsatzes (T. 363 ff.), der Quart kommt nahezu in jedem Satz konstitutive Bedeutung zu.

Das Finale von Mahlers 3. Sinfonie, dem der «Anachronismus einer ungetrübten Apotheose» (Hansen 2015: 95) anhafte, hat z. T. durchaus kritische Beurteilungen erfahren. Man muss allerdings in Betracht ziehen, unter welchen Voraussetzungen die vermeintliche «Apotheose» zustande kommt: Ihr geht in den drei vorangegangenen Steigerungsanlagen ein geradezu quälender Prozess des gescheiterten Durchbruchs voraus. Selbst der Beginn des finalen Tonikafeldes (D-Dur, T. 300 ff.) trägt noch die Erinnerung an das vergebliche Versprechen der früheren Höhepunktbildungen in sich. Erst ab dem Moment des Innehaltens auf der Subdominante (T. 308 ff., Z. 31) vermag sich der Weg zum krönenden Abschluss zu behaupten.

Eine demgegenüber vollkommen neue Finalkonzeption findet sich in der 4. Sinfonie, die durch den Liedsatz (*Das himmlische Leben*) radikal mit dem Anspruch des krönenden Finaleschlusses der drei vorangegangenen Sinfonien bricht. Fernab jeglicher Massierung der Klangmittel entfaltet Mahler eine von orchestraler Diskretion geprägte und am Ende ersterbend verklingende Textur: In der Tat wirkt dieser Satz als «Anti-Finale» (Steinbeck 2010: 258). Fernab jeder apotheotischen Emphase wird ein luzid-heiteres, ebenso trostvolles wie unspektakuläres himmlisches Dasein beschworen. Und trotzdem kommt diesem durchaus die satzübergreifende Relevanz eines Finales zu. So markieren etwa mehrere Rückgriffe auf den Beginn des Kopfsatzes die strophische Struktur des Liedtextes, und auch der Beginn der Singstimme findet sich angedeutet im Kopfsatz, ausgeprägt vor allem im Anschluss an den *fff*-Höhepunkt des 3. Satzes (T. 318 ff.). Insgesamt ist die motivisch-thematische Integration in dieser Sinfonie in einem bis dahin nicht da gewesenen Maße ausgeprägt. Der Grund hierfür liegt in der Tatsache, dass das Lied nicht nur Ziel der sinfonischen Anlage, sondern zugleich ihr Ausgangspunkt war. Bereits 1892, also sieben Jahre vor Beginn der Komposition seiner 4. Sinfonie sowohl in Klavier- als auch in Orchesterfassung entstanden, zählt es zur Gruppe der *Fünf Humoresken*. Humor – so schreibt Mahler am 18. Dezember 1901 an seine Gattin Alma – sei ein zentrales Wesensmerkmal seiner 4. Sinfonie, entziehe sich aber einer leichten Nachvollziehbarkeit. In einem Brief vom 12. September 1903 an den Dirigenten Julius Buths schreibt Mahler: «im allgemeinen habe ich die Erfahrung gemacht, daß Humor dieser Sorte (wohl zu unterscheiden von Witz und muntrer Laune) selbst von den Besten oft nicht erkannt wird.» (GMB 1996: 305). Als eine der zentralen Welterfahrungen, die die Grundlage eines für viele Werke Mahlers charakteristischen «humoristisch-ironischen Kunststils» (NBL 2: 95) bildet, hat dies für die 4. Sinfonie besondere Relevanz: «Eigentlich wollte ich nur eine symphonische Humoreske schreiben, und da ist mir das normale Maß einer Symphonie daraus geworden – während früher, als ich dachte, daß es eine Symphonie werden sollte, es mir zur dreifachen Dauer – in meiner Zweiten und Dritten wurde.» (NBL 2: 162). Deutlich wird, dass mit der «Symphonische[n] Humoreske» eine Abkehr von der expansiven und monumentalen Disposition der beiden vorangegangenen Sinfonien intendiert war. Dass Mahler *Das himmlische Leben* ursprünglich als abschließenden siebenten Satz seiner 3. Sinfonie geplant hatte (dort mit dem Kommentar «humoristisch» versehen, GMB 1996: 151), macht deutlich, dass diese gänzlich neuartige Auffassung des Finalcharakters bereits im Sommer 1895, also einige Jahre vor Beginn der Arbeit an seiner *Vierten*, angedacht gewesen war. Mahlers Entscheidung, das Lied als Finalsatz zu verwenden, hat dabei wesentlich mit seinem Verständnis von Humor zu tun, der für ihn – zwar mit grundsätzlich anderen Mitteln, aber von der Zielsetzung nicht entscheidend unterschiedlich von der monumentalen Apotheose – die Vision einer himmlischen Existenz ermöglicht: diese erfolgt nicht als Durchbruch überwältigender Transzendenz, vielmehr wird aus kindlich-naiver Perspektive ein paradiesisches Dasein geschildert, das in vieler Hinsicht durchaus weltliche Merkmale aufweist. Das Ziel dieser paradiesischen Schau ist die Musik selbst, auch hier verdeutlicht und sublimiert im Wort, das auf der Basis kindlicher Welterfahrung staunend jenes überirdische Dasein beschreibt. Mahlers Annotation zum Einsatz des Sopransolos (T. 12), «Singstimme mit kindlich heiterem Ausdruck: durchaus ohne Parodie!», suggeriert auf prägnante Weise eine im Vergleich vor allem zum Finale der 2. Sinfonie alternative Erfahrung des Jenseitigen, auf die sich alle drei vorangegangenen Sätze motivisch bzw. thematisch beziehen. Mahler hat dies noch wenige Wochen vor seinem Tod in einem Brief an Georg Göhler vom 8. Februar 1911 ausdrücklich betont und damit die Bedeutung des finalen Liedsatzes als Synthese des vorangegangenen motivisch-thematischen Geschehens apostrophiert: «Jeder der 3 ersten Sätze hängt thematisch aufs innigste und bedeutungsvollste mit dem letzten zusammen.» (GMB 1996: 428).

Stellt das Finale der 4. Sinfonie eine dramaturgisch grundsätzliche neue Ebene der Finalgestaltung (nicht nur in Mahlers Œuvre, sondern im Kontext der Gattungsgeschichte schlechthin) dar, so hat Mahler im Finale seiner 6. Sinfonie den bis dahin radikalsten Bruch mit einem affirmativen Finalschluss vollzogen. Die Coda dieses Finales verweist auf dessen Anfang, eine auf dem alterierten Terzquartakkord basierende Klangfläche, aus der sich eine durch einen emphatischen Oktavsprung charakterisierte Kantilene der 1. Violinen löst und schließlich – als dynamischer Höhepunkt – in eine markante, direkte Aufeinanderfolge von A-Dur und a-Moll («Dur-Moll-Siegel», Trompeten und Posaunen im *ff*) in Verbindung mit einem sich aufbäumenden und letztlich im Nichts verklingenden Trauermarschduktus in den Pauken (T. 9–14) mündet. Zu Recht hat Matthias Hansen den «einigermaßen chaotischen Eindruck» dieser Anfangstakte hervorgehoben und den Gesamtverlauf des Finalsatzes als einen Bogen von einem in den ersten Takten «abgründigen, unauslotbaren Nichts» in eine am Ende in ebendieses «Nichts mit einer Entschiedenheit und Unwiderruflichkeit, wie sie nur der Tod erzwingt», führende Desillusionierung beschrieben (Hansen 2011: 82). Im weiteren Verlauf des Satzes findet sich diese Konfiguration aus Klangfläche, emphatischer

Oktavsprungkantilene und (mit einer Ausnahme) dem Marschrhythmus überlagertem Dur-Moll-Siegel noch drei weitere Male. Beim zweiten Mal (ab T. 229), einem Binnenabschnitt zwischen dem Ende der Exposition und dem Beginn der Durchführung, fehlt jenes mit der Aura der Fatalität verbundene Dur-Moll-Siegel. Es folgt eine lichte, von vorwiegend hohen, tremolierenden Streichern, Celesta, Harfen und von Ferne ertönenden Herdenglocken bestimmte Klanglichkeit, die hinsichtlich der Motivik wesentlich auf die T. 16–33 zurückgreift. Es ging Mahler dabei weniger um realistische Nachahmung als vielmehr um das kurze, nur wenig mehr als 20 Takte umfassende Aufleuchten einer luziden, von aller Bedrohlichkeit scheinbar losgelösten Sonorität. Ein drittes Mal erklingt diese, das Anfangssegment (T. 1–33) aufgreifende Konstellation, ab T. 520 unmittelbar anschließend an das Ende der Durchführung in wiederum modifizierter Weise. Diesmal folgt zwar auf den marschartigen Leitrhythmus in Verbindung mit dem Dur-Moll-Siegel wiederum jene Allusion einer Klangwelt fern aller Bedrohlichkeit, die sich allerdings in keinem einzigen Moment aus dem Register der tiefen Blechbläser und Streicher zu emanzipieren vermag und darin wesentlich stärker dem erwähnten Einleitungsabschnitt (T. 16–33) nahekommt. Die Vision dieser anderen, von Bedrohung scheinbar losgelösten Aura, die für den erwähnten Binnenabschnitt ab T. 229 signifikant war, wird nun allenfalls angedeutet, ohne jene Luzidität, die ihr zuvor eigen war, jemals zu erreichen. Der vierte und letzte Rückgriff auf die Anfangstakte erfolgt ab T. 773, also nur etwa 40 Takte vor Ende des Werkes. Die Entwicklung bis einschließlich des Dur-Moll-Siegels/Leitrhythmus entspricht (von geringfügigen Varianten abgesehen) den Anfangstakten 1–15. Was danach folgt, nämlich ein vor allem aus vier Posaunen und Basstuba bestehendes Segment (T. 790–815), bezieht sich zwar ebenfalls auf den Anfangsteil (Tuba, T. 16 ff.), folgt aber einem Typus, den Siegfried Oechsle zu Recht auf das Aequale bezieht: Trauermusikstücke für drei oder vier Instrumente gleicher Lage (in der Regel Posaunen), die auf Beethoven zurückgehen und auch im Schaffen Bruckners Verwendung finden (Oechsle 2010: 307).

Mit der 6. Sinfonie vollzieht Mahler den Bruch mit dem affirmativen Gestus der Formkonzeption von Finalsätzen, mit der Idee des Durchbruchs, die vor allem in seinen drei ersten Sinfonien vorwaltet. Das letzte Wort in dieser Sinfonie hat nicht mehr jenes Dur-Moll-Siegel, das im Rahmen dieses groß dimensionierten Finales eine wesentliche Pfeilerfunktion hatte. Vielmehr ist es der reine Mollklang, der sich noch einmal im *ff* aufbäumt, um wenige Takte später im Nichts zu verklingen. Eine solche Setzung der Schlussereignisse bedarf keiner plakativen Präzisierung im Sinne eines radikalen Scheiterns, wie dies vor allem Mahlers Gattin Alma in Zusammenhang mit dem von ihm gestrichenen dritten Hammerschlag (T. 783) unternommen hat («Todesschlag des verendenden Helden»). Es ist vielmehr die stringente Einlösung dessen, was bereits der initiale Leitrhythmus in Verbindung mit dem Dur-Moll-Siegel ankündigt, nämlich der konsequente Verzicht auf den Anspruch finaler Affirmation. Mahler hat diese Konzeption zunächst nicht fortgesetzt. Das Ende seiner 7. Sinfonie (wie auch jenes der vorangegangenen *Fünften*) folgt wesentlich eher dem Typus der emphatischen Finalsteigerung, die Mahler aber durchaus aus einer distanzierten Perspektive (und wohl auch mit einem Schuss Ironie, wie etwa die Angabe, «etwas feierlich. Prachtvoll», T. 539, für die letzten gut 40 Takte der 7. Sinfonie vermuten lässt) inszeniert. In der 8. Sinfonie, die sich in ihrer durchgehend vokal-orchestralen, zwei groß dimensionierte Teile umfassenden Anlage kaum bruchlos in den Kontext der Gattungstradition (und damit auch den Erwartungshaltungen im Hinblick auf die Finalgestaltung) einfügt, findet sich eine grundsätzlich andersartige, mit den bisherigen Mahler'schen Sinfonien im Grunde nicht vergleichbare Problemstellung. Der Weg freilich, den Mahler mit seiner *Sechsten* eingeschlagen hat, findet in seiner *Neunten* eine konsequente und auch endgültige Einlösung. Die Adagissimo-Coda (T. 159–185) vereinigt bruchstückhafte Erinnerungen an die thematische Substanz des Finalsatzes mit einem längeren Zitat aus dem vierten der *Kindertotenlieder* («Oft denk ich, sie sind nur ausgegangen»). All dies erfolgt in extrem zurückgenommener Dynamik und sparsamster Instrumentierung, unterbrochen von Generalpausen, die angesichts des sehr langsamen Tempos das musikalische Geschehen immer wieder an den Rand der Zerfalls führen. Die zweimalige Anweisung «ersterbend» (T. 166 und im Schlusstakt, T. 185) geht dabei über die expressive Dimension hinaus: Sie bezeichnet vielmehr die Substanz und das Wesen dieses in Mahlers Œuvre einzigartigen Sinfonieschlusses, das totale Verklingen und Ersterben von Musik an sich. Insofern endet im Grunde auch das musikalische Geschehen nicht mit dem letzten Takt, sondern wirkt weiter in ihr völliges Verstummen: ein Sachverhalt, der in den Interpretationen vieler Dirigenten (pars pro toto sei besonders Claudio Abbado erwähnt) von wesentlicher Bedeutung ist. Das erwähnte Zitat bezieht sich dabei auf den Schluss des *Kindertotenliedes* zur Textstelle «Wir holen sie ein auf jenen Höh'n im Sonnenschein! Der Tag ist schön auf jenen Höh'n!» (T. 64–69). Friedrich Rückert, von dem das zugrunde liegende Gedicht stammt, beschreibt dabei einen Prozess der Auseinandersetzung mit dem Tod der Kinder, «in der die Erinnerung, die Gegenwart der zurückgebliebenen Eltern und die verklärte Vision eines Wiedersehens» in einer anderen, transzendenten Welt «zu einer unlösbaren Einheit verschmelzen» (Revers 2000: 29). Das Ziel dieser Erlösungsperspektive, das «Wiedersehen auf jenen Höh'n» löst sich am Ende von Mahlers *Neunter* allerdings nicht ein. Denn das Liedzitat bricht, bedingt durch eine Generalpause, vor dem entscheidenden Wort «Höh'n» ab und wird (T. 171 ff.) einem nächsten bruchstückhaften Segment zugeordnet, das eine der zentralen Figuren dieses Satzes aufgreift: das Doppelschlagmotiv, das Mahler bis in die letzten Takte dieser Sinfonie als nahezu alleinige motivische Substanz beibehält. Der expressive Duktus dieses Adagissimo-Schlusses ist ein Prozess «von Erblühen und Vergehen» (Utz 2011: 357), von Hoffnungsperspektive und Desillusionierung. Musik, die so konsequent den kompositorischen Weg vom gerade noch Erklingenden hin zur Stille und zum Verstummen beschreitet, setzt dabei zugleich ein bedeutendes Wegzeichen hin zur Musik der 2. Hälfte des 20. Jahrhunderts: zu den späten Kompositionen Luigi Nonos, oder zu Werken Ligetis, etwa seinem Orchesterwerk *Lontano* (1967), dessen letzter Takt das auskomponierte «Nicht-mehr-Erklingen» ist.

Gedankliche Entwicklung und kompositorischer Prozess in Mahlers frühen Sinfonien

In einer aus dem Sommer 1893 datierenden Bemerkung, die Natalie Bauer-Lechner überliefert, hat sich Mahler erstaunlich offenherzig über seinen Schaffensprozess geäußert: «Das Schaffen und die Entstehung eines Werkes sind mystisch von Anfang bis zum Ende, da man, sich selbst unbewußt, wie durch fremde Eingebung etwas machen muß, von dem man nachher kaum begreift, wie es geworden ist. Ich komme mir dabei oft vor wie die blinde Henne, die ein Diamantkorn gefunden hat.» (NBL 2: 26). Sosehr diese Aussage den Eindruck erweckt, als sei die Komposition eines Werkes primär Ausfluss der Inspiration, so deutlich akzentuiert er drei Jahre später, im Sommer 1896, wie sehr er die Notwendigkeit empfindet, alle Details der kompositorischen Vorstellung minutiös in den Notentext umzusetzen. Dies betrifft etwa Feinheiten der dynamischen Differenzierung, Strichart und Vortragsweise, die Klanggestaltung, aber auch die äußerste Präzision der Rhythmusnotation, bei der sich Mahler, wie er gegenüber Bauer-Lechner bekundet, den Kopf «zermartere», um keine Missverständnisse bei den Ausführenden aufkommen zu lassen: «Alles wird durch Notenwerte und Pausen bis ins kleinste ausgedrückt.» (NBL 2: 41).

In den vor der Drucklegung seiner 1. Sinfonie (1899) erfolgten Aufführungen wechseln Gattungsbezeichnung, Anzahl der Sätze und deren Satztitel wie folgt:

- 20.11.1889: UA in Budapest: *Symphonische Dichtung in zwei Teilen*, fünfsätzig. 2. Satz: Andante, später «Blumine» genannt; 4. Satz (nach Streichung des *Blumine*-Satzes im Jahre 1896 der 3. Satz): «A la pompes funèbres».
- 27.10.1893, Hamburg: *«Titan», eine Tondichtung in Symphonieform* (1. Satz: «Frühling und kein Ende»; 2. Satz: «Blumine»; 3. Satz: «Mit vollen Segeln»; 4. Satz: «Gestrandet!» Ein Todtenmarsch in «Callots Manier»; 5. Satz: «Dall'Inferno»).

- 3.6.1894, Weimar: «*Titan*», *Symphonie in zwei Abtheilungen und fünf Sätzen* (Bezeichnungen der Sätze 1–4 wie 27.10. 1893, 5. Satz: «Dall'Inferno al Paradiso»).
- 16.3.1896, Berlin: *Symphonie Nr. 1, D-Dur* (viersätzig: Streichung des *Blumine*-Satzes, des Werktitels «Titan» sowie sämtlicher Satztitel und erläuternder Programme). Ab diesem Zeitpunkt ausschließlich als «Symphonie» bezeichnet.

Mahlers Changieren hinsichtlich der Gattungsbezeichnungen weist eine Entwicklung auf, die zu Beginn wesentlich durch Hector Berlioz (vor allem dessen ebenfalls fünfsätzige *Symphonie fantastique*) inspiriert worden ist. Allerdings ist die Tendenz zu einer inhaltsästhetischen Präzisierung der Satztitel, wie sie den Vorstellungen programmmusikalischer Konzeptionen entspricht, in Mahlers Uraufführungsversion – trotz der expliziten Benennung als «Symphonische Dichtung» – nur ansatzweise gegeben. Abgesehen vom vierten, weist kein anderer Satz eine inhaltliche Beschreibung auf: ein Umstand, der deutlich die Doppelgesichtigkeit dieses Werkes erkennen lässt, die nicht zuletzt zur überwiegend negativen Rezeption der Uraufführung dieser Sinfonie beigetragen haben dürfte. Mahler knüpft einerseits an die Gattungstradition der Sinfonie an, er öffnet sie (etwa durch die stilisierten Vogelstimmen im Kopfsatz, vor allem aber durch die Liedzitate) für außermusikalische Implikationen, verzichtet aber in letzter Konsequenz auf jenes Maß an inhaltlicher Konkretisierung, das man von einer Sinfonischen Dichtung erwarten konnte. Mahler reagierte darauf bei der folgenden Aufführung (1893) mit einer Maßnahme, die wohl eher eine Kompromisslösung als eine aus Überzeugung getroffene künstlerische Entscheidung war, indem er die Satztitel inhaltlich präzisierte, ohne aber dabei zu sehr der Gefahr eines dramatisch stringenten Plots anheimzufallen. In einem Brief vom 20. März 1896 äußerte er, dass er auf den Rat von Freunden nachträglich «Titel und Erklärungen ausgesonnen» und damit «eine Art Programm» geliefert habe, dass er dieses letztendlich aber, um Missverständnissen und Fehleinschätzungen vorzubeugen, eliminiert habe. Mahler ging es nicht um möglichst eindeutige inhaltliche

Präzisierung, sondern um ein Werkverständnis, das primär auf den Nachvollzug des «Ideenrichtigen» Empfindungsgangs seiner Sinfonie, ohne alle programmatische Beigaben, abgezielt hat (GMB 1996: 169). «Meine ganze Art weist mich auf die Symphonie», so schreibt er in einem Brief vom 2. März 1896 an Anna Mincieux (GMUB 1983: 123), und gibt damit eine Richtung an, die in zunehmendem Maße zu einer distanzierten Haltung gegenüber der «Sinfonischen Dichtung» sowie detaillierten Programmen geführt hat. In seiner 2. Sinfonie allerdings knüpft Mahler – wie er selbst feststellt – noch direkt an die *Erste* an, ja er fasst sie gleichsam als deren Fortsetzung auf: «Ich habe den ersten Satz «Totenfeier» genannt, und wenn Sie es wissen wollen, so ist es der Held meiner D-Dur-Symph[onie, gemeint: die 1. Sinfonie], den ich da zu Grabe trage, und dessen Leben ich, von einer höheren Warte aus, in einem reinen Spiegel auffange. Zugleich ist es die große Frage: *Warum hast du gelebt?* Warum hast du gelitten? Ist das alles nur ein großer, furchtbarer Spaß? – Wie *müssen* diese Frage[n] auf irgendeine Weise lösen, wenn wir weiter leben wollen – ja sogar, wenn wir nur weiter sterben sollen! In wessen Leben dieser Ruf einmal ertönt ist – der muß eine Antwort geben; und diese Antwort gebe ich im letzten Satz.» (GMB 1996: 172f.).Trotzdem zeigt sich hier eine deutliche Fokussierung auf grundsätzliche existentielle Probleme, die sich zwar auch in den Programmüberschriften der 1. Sinfonie andeuten, allerdings weniger deskriptiver Natur, sondern eher Ausdruck eines im Innersten psychischen Dramas sind. Im erwähnten Brief Mahlers an Max Marschalk vom 26.3.1896, der wohl die bedeutendste Quelle im Hinblick auf sein Verständnis und die kompositorische Relevanz von Programmen ist, macht Mahler unmissverständlich die «Plattheit» deutlich, zu einem Programm Musik erfinden zu wollen, und sieht es daher als kontraproduktiv an, ein solches einem Musikwerk beizugeben. Hingegen bekennt er sich dazu, dass die «Veranlassung zu einem musikalischen Gebilde» dem «Erlebnis des Autors» entspringe: Dieses sei aber «Anlaß» und nicht «Inhalt» des Werkes, also gleichsam ein «inneres Programm», das nicht notwendigerweise der Kenntnis seitens der Rezipienten bedarf (ebda.).

Nicht weniger kompliziert stellt sich (zumindest den Kopfsatz betreffend) die Situation in der 2. Sinfonie dar. Mahler nahm die Arbeit daran bereits im Januar 1888, also noch vor Vollendung des Finalsatzes seiner *Ersten* im März dieses Jahres auf. Allerdings scheint dieser Kopfsatz in den frühesten, aus den Jahren 1888 und 1889 zu datierenden Quellen, einerseits als «1. Satz», andererseits unter dem Titel *Todtenfeier* auf. So weist die Reinschrift des 1. Satzes (datiert mit 10. September 1888) den Titel «Symphonie in C-moll | 1. Satz» auf, wurde aber später zu *Todtenfeier* abgeändert. Tatsache ist jedenfalls, dass die Bezeichnung «Todtenfeier», die zweifellos den Typus der Sinfonischen Dichtung vermuten lässt, und die Bezeichnung als «1. Satz», was deutlich auf die Gattung Sinfonie verweist, so eng miteinander verknüpft sind, dass eine Entscheidung für lediglich eine der beiden Varianten kaum möglich ist. Wohl muss man aber von der lange Zeit kolportierten, auf die 1920 erschienenen *Erinnerungen an Gustav Mahler* von Josef Bohuslav Foerster zurückgehende Meinung, dass die *Todtenfeier* zunächst als eigenständiges Werk entstanden sei und erst nachträglich zum Kopfsatz der 2. Sinfonie wurde, Abstand nehmen. Eher könnte es taktische Gründe gehabt haben, die *Todtenfeier*, die Mahler noch in einem von ihm dirigierten Konzert am 16. März 1896 in Hamburg als separaten Programmpunkt zur Aufführung gebracht hat, auch als eigenständiges Werk zu deklarieren.

Die Sinfonie blieb nun – vor allem aufgrund der umfassenden dirigentischen Verpflichtungen Mahlers zunächst in Budapest und danach in Hamburg – fünf Jahre lang liegen, erst 1893 nahm er die kompositorische Arbeit daran wieder auf und vollendete das Werk am 18. Dezember 1894. Die Änderungen, die Mahler in dieser langen Zeitspanne zwischen der Fertigstellung der *Todtenfeier*-Partitur (1. Satz) und der revidierten Fassung dieses Kopfsatzes (April 1894) vorgenommen hat, dokumentieren auf eindrucksvolle Weise seine kompositorische Entwicklung hin zu größtmöglicher musikalischer Deutlichkeit. Für ihn bedeutete die minutiöse Ausarbeitung der Klanggestaltung mehr als die Erreichung wirkungsvoller Koloristik. Sie ist in seinem Schaffen – ähnlich wie bei Berlioz – integraler Bestandteil des Tonsatzes und als solcher nicht von der musikalischen Struktur ablösbar. Mahler war sich aber auch bewusst, dass jene Ästhetik der Deutlichkeit einen Teil seiner kompositorischen Entwicklung beschreibt, die im Grunde bis zu seinem Tod nicht abgeschlossen war und zu Selbstkritik von erstaunlicher Schärfe Anlass gegeben hat: «Wo ich anfangs in mangelndem Wissen und Können mit weniger Sorgfalt und Kunst gearbeitet habe, wie bei meiner Ersten Symphonie, da hat sich das bitter gerächt. Es kam eben nicht heraus was ich wollte, und was zu Gehör kam, war bei weitem nicht so durchsichtig schön und vollkommen, wie es hätte sein können, so daß ich später uminstrumentieren mußte.» (NBL 2: 62). Im Falle des revidierten Kopfsatzes seiner 2. Sinfonie ist denn auch Mahlers Notation seiner kompositorischen Vorstellungen weitaus differenzierter als in der ursprünglichen Version (*Todtenfeier*): Er überlässt nichts dem Zufall oder den Konventionen der Orchesterpraxis, sondern realisiert die denkbar engste Beziehung zwischen Notentext und dessen musikalischer Realisierung.

Mahlers 3. Sinfonie bildet fraglos das Werk, das in seinem bisherigen sinfonischen Schaffen am radikalsten die Gattungstradition sprengt und eine völlig neue Konzeption von «Sinfonie» verwirklicht. Zum einen betrifft dies die Anzahl an Sätzen, die im Laufe der wechselvollen Genese der Komposition sieben bzw. sechs betrug. In einem frühen Stadium des Kompositionsprozesses, der sich – abgesehen von ersten Skizzen, die in das Jahr 1893 fallen – auf die Sommermonate 1895 konzentriert, plante Mahler, als Finale einer siebensätzigen Anlage das *Wunderhorn*-Lied *Das himmlische Leben*, das bereits am 10. Februar 1892 als Klavierlied und gut vier Wochen später, am 12. März, als Orchesterlied vollendet worden war, zu verwenden. Dieses hat er allerdings im Sommer 1896 ausgegliedert und später als Finale seiner 4. Sinfonie verwendet. Die Spuren dieser wechselvollen Kompositionsgeschichte sind allerdings deutlich erkennbar. Denn im fünften Satz seiner letztendlich sechssätzigen 3. Sinfonie, der in großen Teilen auf dem *Wunderhorn*-Lied *Es sungen drei Engel* basiert, bildet ein dreimal erklingender Refrain zu den Worten «Ich hab' übertreten die zehn Gebot» (T. 45–48), «Ach komm und erbarme dich über mich!» (T. 58–64), und in abgewandelter Form «[durch] Jesum und Allen zur Seligkeit» (T. 104–107) eine deutliche Brücke zum Lied *Das himmlische Leben*, in dem dieser eine strukturell analoge Funktion einnimmt. Damit ist aber auch eine satz- bzw. werkübergreifende inhaltliche Entwicklung gegeben. Im fünften Satz der 3. Sinfonie ist es ein Weg von der Sündhaftigkeit zur Erlösung, die in der kindlichen Naivität des letztendlichen Finalsatzes der 4. Sinfonie ihr eigentliches Ziel findet. Dort ist es nämlich die Gewissheit des himmlischen Daseins, nicht zuletzt auch die Rolle, die die Musik darin spielt, und – wie es im Schlussvers heißt – zur Folge hat, «dass Alles für Freuden erwacht».

Nicht weniger als die wechselnde Satzzahl in den Konzeptionen von Mahlers 3. Sinfonie sind die unterschiedlichen Satzüberschriften, die divergierende Anordnung der Sätze, und schließlich auch die Titel für die sinfonische Gesamtanlage von Bedeutung, die in insgesamt 17 Varianten (Krummacher 1991: 176–182) vorliegen. In einem sehr frühen Stadium hat Mahler die Sinfonie mit dem Gesamttitel «Das glückliche Leben / Ein Sommernachtstraum» versehen. In der von Paul Bekker überlieferten Programmskizze, in der merkwürdigerweise der 3. Satz unter zwei verschiedenen Titeln genannt ist, wurde von der Hand eines anonymen Rezensenten die Anmerkung «nicht nach Shakespeare» hinzugefügt. In zwei Briefen vom 17. August 1895 entsprechen die Satztitel zwar weitgehend der finalen Version (allerdings noch mit dem «Himmlischen Leben» als 7. Satz), der Übertitel ist aber deutlich abgewandelt und nimmt nun explizit auf Nietzsche Bezug: «Die fröhliche Wissenschaft / Ein Sommermorgentraum». Mahler behielt diesen jedenfalls bis Ende Juni 1896 bei. Anfang Juli hat er in einem Brief an Anna Mildenburg die dieser Sinfonie inhärente übergreifende Entwicklung als «Stufen der Entwicklung in schrittweiser Steigerung» beschrieben, die bei der «leblosen Natur» beginne und «sich bis zur Liebe Gottes» steigere (GMB 1996: 189 f.).

Keinesfalls wollte Mahler (und zwar weder durch die General-, noch durch die Satztitel) ein Programm im Sinne eines narrativen Plots suggerieren. Er empfand diese Hinweise, die er fast durchwegs in Briefen an ihm vertraute Personen mitgeteilt hat, vielmehr als «Wegtafeln», als Ausdruck von Empfindungen, die aber keinen erzählenden Charakter haben und keinesfalls die Vorstellungskraft der Hörer beeinflussen sollten. Bemerkenswert ist allerdings die oft dichte zeitliche Aufeinanderfolge der verschiedenen Titelversionen, die nicht zuletzt auch eindrucksvolle Dokumente der ungemeinen gedanklichen Dynamik Mahlers in den Sommermonaten 1895 und 1896 sind. Seit der Uraufführung am 9. Juni 1902 in Krefeld aber, die «zu einem Meilenstein für die Durchsetzung Mahlers geworden» ist (Krummacher 1991: 52), hat er sich auch bei den fünfzehn weiteren von ihm geleiteten Aufführungen seiner 3. Sinfonie auf die übliche Aufzählung der Sätze und die zugrunde liegenden Tempobezeichnungen, ohne alle Satztitel, beschränkt.

Mahlers Beschreibung seiner ersten vier Sinfonien als eine «dem Inhalt und Aufbau nach [...] durchaus in sich geschlossene Tetralogie» ruft unweigerlich Assoziationen mit Wagners *Ring*-Tetralogie hervor. Sie zielt darüber hinaus auf eine werkübergreifende epische Anlage, die etwa auch in den motivischen bzw. thematischen Querverbindungen zwischen den Sinfonien (vor allem der *Dritten* und *Vierten*) Niederschlag finden. Mahler war sich dessen durchaus bewusst, und er empfand diese Tatsache als derart «ungewöhnlich und merkwürdig», dass sie «ihn selbst fast befremde» (NBL 2: 164). Die von ihm erwähnte Tetralogie basiert darüber hinaus aber auf deren eschatologischem Anspruch, der wiederum in engem Zusammenhang mit der Entstehungsgeschichte der vier Sinfonien steht. Am deutlichsten wird dies wohl am Beispiel des Finales der 2. Sinfonie. Die Inspiration hierzu beschrieb Mahler als eine blitzartige Eingebung, deren religiös-metaphysische Dimension er selbst betonte, wenn er sie als «heilige Empfängnis» beschrieb (GMB 1996: 125).

Religiöse Implikationen bilden in der Tat einen wichtigen Aspekt in Mahlers eigenen Beschreibungen seiner Musik. Die metaphysischen Dimensionen seines umfassenden sinfonischen

Konzepts hat er etwa ausführlich in einem Brief vom 26. März 1896 an Max Marschalk zur Sprache gebracht: «Mein Bedürfnis, mich musikalisch-symphonisch auszusprechen, beginnt erst da, wo die dunkeln Empfindungen walten, an der Pforte, die in die ‹andere Welt› hineinführt; die Welt, in der die Dinge nicht mehr durch Zeit und Ort auseinanderfallen.» (GMB 1996: 171). Mahler war zudem davon überzeugt, dass seine 2. Sinfonie direkt aus der *Ersten* erwachsen sei, und betonte damit die evolutionäre (über die Grenzen des einzelnen Werkes hinausweisende) Erzählstruktur seiner frühen Sinfonien.

II. Die Sinfonien

Naturlaut – Groteske – Apotheose: die 1. Sinfonie

Besetzung: 4 Fl. (3. und 4. auch Piccolofl.), 4 Ob. (3. auch Eh.), 4 Klar. (3. auch Bassklar., 4. auch Es-Klar.), 3 Fag. (3. auch Kontrafag.), 7 Hr., 5 Trp., 4 Pos., Basstuba, Pauken, Schlagwerk (Große Trommel, Becken, Triangel, Tam-tam), Harfe, Streicher.
Entstehungszeit: Anfänge ungewiss, 2. Satz («Blumine») 1884; Fertigstellung März 1888.
Fassungen: insgesamt 3 Fassungen, wobei die früheste nicht vollständig überliefert ist (ursprünglich 5 Sätze, lediglich der 1. Satz, das Scherzo sowie das Finale sind erhalten). Die zweite, fünfsätzige Fassung unter dem Titel *«Titan», eine Tondichtung in Symphonieform.* Die dritte Fassung entspricht der späteren Druckfassung und ist viersätzig. Bezeichnung *Symphonie in D-Dur für grosses Orchester*).
Aufführungen: Erste fünfsätzige Fassung: Budapest, 20. Nov. 1889 (dort als *Symphonische Dichtung* in zwei Teilen uraufgeführt). Zweite Fassung ist vollständig erhalten: Erstaufführung in Hamburg am 27.10.1893 unter dem Titel *«Titan», eine Tondichtung in Symphonieform.* Zweite Aufführung am 3. Juni 1894 in Weimar unter dem Titel *Titan. Symphonie in zwei Abtheilungen und fünf Sätzen.* Dritte Fassung: 16. März 1896 in Berlin.
Erstdruck: (Fassung in vier Sätzen): Josef Weinberger, Wien–Leipzig–Paris 1899.
Kritische Gesamtausgabe: Symphonie Nr. 1 in vier Sätzen für großes Orchester, Bd. 1, Wien (Universal-Edition) 1992. **Neue Kritische Gesamtausgabe:** *Titan.* Eine Tondichtung in Symphonieform in zwei Teilen und fünf Sätzen für großes Orchester, Supplement Bd. V, Wien (UE) 2019.

Zu den zweifellos eindrucksvollsten kompositorischen Leistungen des jungen Mahler zählt der Anfang des Kopfsatzes seiner Ersten Sinfonie. Und es wäre kaum übertrieben, diesen (zusammen mit dem Beginn der 1. Szene von Wagners *Rheingold*) als Paradigma für eine auf Klang und Klanggestaltung basierende Kompositionsweise zu beschreiben. Was diese «Klangkomposition» wesentlich ausmacht ist weder ein komplexes harmonisches Phänomen, noch die Dynamik innerer Bewegung in einem fluktuierenden Klangkontinuum (wie bei Wagner), sondern der, allerdings in mehreren Oktavlagen erklingende, liegende Einzelton a, über dem sich das auf elementare Bausteine beschränkte motivische Geschehen entfaltet. Und doch war es gerade dieser einzelne Ton, der im Laufe des Kompositionsprozesses die meisten Veränderungen erfahren hat. Mahlers Ziel war es dabei, so nahe wie möglich das Ideal eines elementaren Naturklangs zu realisieren, inspiriert von der Idee des Sonnenlichtes an einem sommerlichen Tag, das «durch die Zweige zittert und schimmert.» (NBL 2: 173). Die klangliche Umsetzung dieser Imagination sollte man sich jedoch nicht als rein statischen Klang vorstellen. Über sechs Oktaven erstreckt sich dieses anfängliche a, das von neunfach geteilten Streichern (Violinen, Bratschen, Violoncelli und zwei Drittel der Kontrabässe) im Flageolett ausgeführt wird. Nur der übrige Teil der Kontrabässe spielt ein Kontra-A, und zwar – wie Mahler eigens hinzufügt – im *pp*, aber «sehr deutlich». Während dieser Basston über 53 Takte unverändert bleibt, ist die Zusammensetzung der im Flageolett erklingenden Streicher einem ständigen Wandel ausgesetzt. Die im Grunde statisch-immaterielle Klangaura wird damit auf eine bis dahin einzigartige Weise auskomponiert und zur Basis einer gleichermaßen allmählichen wie hoch differenzierten Entwicklung elementarer motivisch-thematischer Bausteine. Ein nicht weniger innovatives Moment in diesem sich immerhin über 62 Takte erstreckenden Entwicklungsprozess betrifft die Gestaltung und Empfindung des Zeitverlaufs. Insgesamt 16 wechselnde Tempoangaben schreibt Mahler vor und vermeidet damit bewusst jeglichen Eindruck einer metrischen Regelmäßigkeit. Mehrfach wechseln innerhalb weniger Takte die Angaben «più mosso» (bewegter), «accelerando» (rascher werdend) und «ritardando» (verzögernd). Es sind in erster Linie die oft bruchstückhaften motivischen Ereignisse selbst, die aus sich heraus das temporale Geschehen in dieser Einleitung bestimmen. Besonders deutlich wird dies bei den stilisierten Kuckucksrufen, die als fallende Quarten in Erscheinung treten und – wie Mahler vorschreibt – ohne Rücksicht auf die anfängliche Tempoangabe «Langsam. Schleppend» auszuführen seien (T. 30ff. und 45ff.). Diese Gleichzeitigkeit von naturhaften Klangphänomenen und diskontinuierlicher Zeitgestaltung formiert sich erst relativ spät (ab T. 47) zu einer metrisch klar fassbaren Gestalt, die in weiterer Folge zum Hauptthema führt, das dem zweiten *Gesellen*-Lied (*Ging heut' morgen übers Feld*) entnommen ist (ab T. 63). Doch ist dieses Thema nicht ein eigentlicher Neubeginn, sondern vielmehr eine weitere Stufe in diesem groß dimensionierten Prozess allmählicher Themenevolution. Und auch hier bildet das Quartintervall, das zu Beginn dieser Sinfonie als gleichsam «genetischer Code» der weiteren Entwicklung grundgelegt wurde, den Fokus der melodischen Struktur. Mahler verdeutlicht dies, indem das Liedthema erst allmählich Ausgangspunkt weitläufig angelegter motivisch-thematischer Entwicklung wird, zunächst einmal aber nach kurzem Ansetzen wieder in das elementare Quartintervall zurückfällt (T. 71–74). Dieses wird zugleich Ausgangspunkt für eine weitere Etappe der thematischen Entwicklung, die sich auf die 3. Liedstrophe bezieht (ab T. 84). Deren Text beschreibt eine sonnendurchflutete Natur, in der das vorangegangene allmähliche Werden seine Erfüllung findet und «alles Ton und Farbe» gewinnt. Mahler setzt nun allerdings nicht mit der desillusionierenden 4. Strophe fort, in der die Distanz der eigenen Befindlichkeit zur schönen Naturwelt beschrieben wird, sondern kehrt ab T. 109 zu einer Variante der ersten Strophe (in die auch Elemente der zweiten einfließen) zurück und führt sie zu einem dynamischen Höhepunkt. Hier nun – am Ende der Exposition – erfolgt allerdings nicht eine gesteigerte Schlusswirkung. Vielmehr fällt das Geschehen innerhalb weniger Takte einmal mehr in jene elementaren Intervall- und Motivkonstellationen der Einleitung zurück, womit zugleich die Brücke zur Durchführung hergestellt wird. Im Grunde folgt Mahler in diesem Kopfsatz zwar dem äußeren Rahmen der Sonatenform. Aber bereits in der Exposition wird deutlich, dass eine in vielen Aspekten andere, neuartige Auseinandersetzung mit der formalen Konvention vorliegt. Denn von einer Exposition im Sinne in sich geschlossener Themengebilde, geprägt von einem Themendualismus, kann hier kaum die Rede sein. Vielmehr ist das musikalische Geschehen eine ständige Veränderung und Neuformulierung des Liedmaterials, somit – ebenso wie die Einleitung – im Grunde ein unabgeschlossener Entwicklungsprozess. Und wohl genau deshalb kehrt Mahler am Ende des ersten großen Formabschnitts («Exposition») wieder zu jener elementaren Klanglichkeit zurück, die den Anfang charakterisiert hat (ab T. 163). Eine bloße Wiederholung des Einleitungsteils liegt freilich nicht vor. Zunächst greift Mahler in den Flöten ein Motiv auf (von Paul Bekker als «Tirili-Motiv» beschrieben: Bekker 1921/2016: 44), das erstmals am Ende der Exposition in Erscheinung tritt (dort T. 135 ff.) und durchaus eine Affinität zur Motivwelt des zugrunde liegenden *Gesellen*-Liedes erkennen lässt. Der fallende Quartsprung und das Quartsequenzenmotiv werden ebenso aus der Einleitung übernommen wie der chromatisch in sich kreisende Duktus der tiefen Streicher (T. 189 ff.), der bald einer diatonischen Fortschreitung sowie einem stufenweisen, fauxbourdonartigen Hörnersatz Raum gibt. Hingegen verzichtet Mahler auf die in der Einleitung erklingenden Fanfarenelemente, die er allerdings umso wirkungsvoller in der letzten Steigerungsphase vor Erreichen der höchsten Kraftentfaltung (T. 358 ff.), die Adorno als «Durchbruch» beschreibt, zum Einsatz bringt. Stattdessen führt er sehr behutsam neue Motive bzw. Themen ein, denen im weiteren Verlauf entscheidende Bedeutung zukommt. Vor allem sind dies eine durch fallenden Kleinsext- und anschließenden Quintsprung geprägte, seufzerartige Kantilene der Violoncelli, sowie ein erstes, im dreifachen *piano* wie eine Andeutung wirkendes Hörnerthema (ab T. 209), das in seiner von Dreiklangsbrechungen geprägten Melodik, seinem verhalten lyrischen Tonfall sowie der klar ausgeprägten Periodik (4 + 4 Takte) liedhaften Charakter hat. Es ist bezeichnend für Mahlers kompositorische Strategie, dass dieser noch unscheinbare und kaum in sich geschlossene, gleichsam noch «vorthematische» Hörnersatz in den folgenden 140 Takten an keiner Stelle in Erscheinung tritt, sich dann aber umso klangmächtiger in den T. 358 ff. als dominierende thematische Gestalt durchzusetzen scheint. In nahezu sämtlichen Analysen wird mit diesem Ereignis der Beginn der Reprise angesetzt, und in tonaler Hinsicht mag dies durch das eindeutige Wiedererreichen der Tonika D-Dur auch zutreffen. In thematischer Hinsicht allerdings desillusioniert Mahler die bis dahin mit großer Erwartungshaltung aufgebaute Spannungskurve. Denn wie schon bei seinem ersten Erklingen, zerfällt auch hier das Hörnerthema nach kurzer Zeit: Im Grunde bleiben nur deren erste vier Takte erhalten, gefolgt von drei aufsteigenden, triolischen Dreiklangsbrechungen, die keinerlei zwingenden Abschluss erkennen lassen, ja selbst die noch andeutungsweise in sich geschlossene Periodik beim ersten Auftreten des Hörnerthemas geradezu radikal außer Kraft setzen. Es ist evident, dass hier nicht «ein Ziel» erreicht wird, und dass die traditionellen Gliederungselemente einer allenfalls als allgemeiner Referenzrahmen zugrunde liegenden Sonatenform dem Satzverlauf nur ungenügend Rechnung tragen. Kategorien wie Exposition, Durchführung, Reprise werden vielmehr überwölbt von einem evolutiven, auf permanenter Weiter- und Neuentwicklung ausgerichteten Kompositionsprozess. Die letzten zehn Takte des Kopfsatzes, die bestimmt sind durch einen Wechsel von Generalpausen sowie kurzen Folgen von Achtelnoten und vollkommen unerwartet enden, fassen wie ein strukturelles Programm die formale Disposition dieses Kopfsatzes zusammen: Entwicklung, deren eigentliche Einlösung aber erst im Finalsatz erfolgt. Es mag daher kein Zufall sein, dass Mahler eben dort nochmals den Beginn des Kopfsatzes mit Haltetönen, den fallenden Quartsprung, die Quartensequenz, das Tirili-Motiv, ein kurzes Aufblitzen des Themenkopfes aus dem *Gesellen*-Lied, die Fanfaren und das in sich kreisende chromatische Motiv in Erinnerung ruft (Finalsatz, ab T. 428). Allerdings ist in diesem Erinnerungsfeld auch ein subkutanes bedrohliches Element zu finden: eine fallende Triolenfigur in den mit Dämpfer versehenen und im *pp* spielenden Trompeten (T. 434 ff.), die gleich einer schattenhaften Reminiszenz ein letztes Mal den Anfang des «stürmisch bewegten» Finalsatzes (dort T. 8 ff.) aufgreift.

Der «Durchbruch» in den T. 358 ff. des Kopfsatzes erweist sich – wie bereits erwähnt – als Gegenbild dessen, was die zuvor breit inszenierte Steigerungspartie erwarten ließ. Sie zielt nur scheinbar auf die glanzvolle, emphatische Behauptung einer vom zugrunde liegenden Lied unabhängigen Themengestalt. Tatsächlich aber greift Mahler ab T. 372 auf den Beginn der Durchführung zurück, konkret auf eine stufenweise im Terzrahmen aufsteigende (und zugleich in Terzen geführte) Hörnerkantilene, die ab T. 231 dreimal wiederholt (beim dritten Mal «zart hervortretend») und stets von Liedmotiven umspielt wurde. Nun – gegen Ende des Satzes (ab T. 384) – gibt Mahler zwar dem Motivrepertoire des *Gesellen*-Liedes Raum, entwickelt dies allerdings in einer Dichte der kontrapunktischen Verzahnung, die Durchführungscharakter «par excellence» erkennen lässt. Einmal mehr wird hier die konsequent auf Evolution ausgerichtete und auf eine eigentliche Zielperspektive verzichtende Disposition dieses einzigartigen Kopfsatzes manifest.

Mahler hat in der ursprünglich fünfsätzigen Konzeption seiner 1. Sinfonie einen *Blumine* benannten 2. Satz vorgesehen. Erst mit der Aufführung in Berlin am 16. März 1896 verzichtete er sowohl auf diesen als auch auf das bis dahin der Sinfonie beigefügte Programm. Mahler hat diesen Satz seiner 1884 innerhalb weniger Tage komponierten Schauspielmusik zu Joseph Victor von Scheffels *Der Trompeter von Säkkingen* (1853) entnommen. Später hat er den *Blumine*-Satz in scherzhaft selbstkritischer Manier als «Jugend-Eselei seines Helden» (NBL 2: 173) beschrieben und damit wohl auch auf den parodistisch gemeinten Hintersinn dieser gleichermaßen schwärmerischen wie wenig tiefgründigen Episode verwiesen. Der 2. Satz (A-Dur) in Mahlers definitiver (viersätziger) Version ist indessen deutlich anders geartet, nämlich als ungeschminkt simpler Bauerntanz, dessen dominierende Quartintervallik ein zentrales Element des Kopfsatzes aufgreift. Die eigentliche Quelle dieses Themas ist allerdings Mahlers frühes Lied *Hans und Grete* (eine spätere Version des Tenorliedes *Maitanz im Grünen*), das Mahler explizit als «Volkslied» bezeichnet hat. Allerdings ist dieses in einen klar überschaubaren Sonatensatz integriert. Nach einer kurzen, wiederholten 43-taktigen Exposition erfolgen ein deutlich längerer, durchführungshafter Abschnitt (T. 44–117) sowie eine modifizierte Reprise (T. 118–169). Die Ausdrucksanweisung «Wild» (T. 68) umschreibt beispielhaft die zunehmende Turbulenz, in die dieser knapp disponierte Sonatensatz gerät. Kontrastierend zur Exposition setzt die Reprise fast unmerklich im *pp* ein, abrupt und in krassem «Bildschnitt» gefolgt von einer «Vorwärts» drängenden, ansteigenden Figur der Streicher im *ff*, die zum Hauptthema zurückführt. Es ist wesentlich diese auffällige Diskrepanz eines nach außen hin übersichtlichen Formverlaufs, der aber durch extreme Kontrastwirkungen konterkariert wird. Noch deutlicher zeigt sich dies im Verhältnis zum folgenden Trioteil (ab T. 175), der durch einen markanten Schnitt (Generalpause und anschließende «langgezogene Hornrufe», Bekker 1921/2016: 49), aber auch durch den auffälligen tonalen Kontrast, nämlich F-Dur nach zuvor A-Dur, vom vorangegangenen «Scherzo»-Abschnitt getrennt ist. Dessen erstem Teil, einem in «recht gemächlichem» Tempo erklingenden Ländler, folgt ab T. 219 ein deutlich walzerhafter Abschnitt, dessen melodischer Duktus allerdings nach wenigen Takten durch derb pointierte Streicherpizzikati und schrill intonierende Holzbläserfiguren in Frage gestellt wird und erst in einem zweiten Anlauf (ab T. 236) jene weit gespannte Kantabilität gewinnt, die der Walzerbeginn eigentlich verspricht. Beide Tanzabschnitte verklingen in repetierten Figurationen, die im Walzersegment in tiefer Lage der Streicher versinken und abermals einem Hörnerruf Raum geben, der ebenso scharf kontrastierend wie zuvor in der Überleitung zum Trio den unvermittelt im *ff* einsetzenden, nunmehr stark verkürzten Scherzoteil signalisiert. Der Schluss des Satzes selbst, ein Partikel aus dem zugrunde liegenden Liedthema (entsprechend den T. 11 f.), weist in mancher Hinsicht auf die letzten Takte des Finalsatzes hin: In beiden Fällen sind es kurze, mehrfach repetierte Floskeln, die allerdings im 2. Satz durch eine dialogisierende Textur geschärft in Erscheinung treten.

Der 3. Satz, von Mahler bei der Uraufführung 1889 in Budapest als «A la pompes funèbres», bei der zweiten und dritten Aufführung in Hamburg 1893 bzw. Weimar 1894 als «Todtenmarsch in ‹Callot's Manier›» bezeichnet, zählt fraglos zu den meistdiskutierten und – zu Mahlers Lebenszeit – auch besonders umstrittenen Sinfoniesätzen. Dies hat vornehmlich zwei

Gründe: Zum einen ist es die programmatische Dimension, die diese Titel suggerieren. Der Duktus des Trauermarsches ist dabei zwar unschwer (auch ohne diesbezüglichen Hinweis) erkennbar, allerdings wird er gebrochen durch das den einleitenden Paukenquarten folgende Hauptthema, eine in Österreich bereits seit dem 19. Jahrhundert verbreitete Mollvariante des bekannten *Bruder Jakob*-Kanons, dessen Charakter Mahler als «tief tragisch» beschrieben hat. Er selbst bestätigte in einem Brief vom 20.3.1896 an Max Marschalk zwar, dass er «beim 3. Satz (Marcia funebre) [...] die äußere Anregung durch das bekannte Kinderbild erhielt (‹Des Jägers Leichenbegängnis›)», wobei er allerdings nicht die konkrete Darstellung, sondern die durch dieses Bild vermittelte «Stimmung [...], welche zum Ausdruck gebracht werden soll», als essentiell beschreibt (GMB 1996: 170). In den diversen Rezensionen der ersten Aufführungen wurde einerseits mehrfach Mahlers Neigung zum Ironischen und Parodistischen, andererseits die mangelnde Bindung an die durch den Titel *Titan* suggerierte, indessen von Mahler wohl allenfalls teilweise intendierte Anknüpfung an E. T. A. Hoffmanns gleichnamigen Bildungsroman hervorgehoben. «Was will nun dieser absonderliche Todtenmarsch», so fragt sich Ernst Otto Nodnagel, ein in späteren Jahren nachdrücklicher Verfechter von Mahlers Schaffen, für den aber das Werk in Zusammenhang mit der Weimarer Aufführung 1894 auf das «Entschiedenste verurtheilt werden» müsse (zit. nach Kubik/Hefling 2019: XVIII).

Trauermarsch – «Böhmische Kapelle» – Lied: Dies sind die zentralen Bestandteile des musikalischen Vokabulars in diesem Satz, der – wie schon die Satzüberschrift deutlich macht – von zahlreichen intertextuellen Bezügen geprägt ist. Neben der erwähnten ikonographischen Quelle (hier vermutlich die weitverbreitete Druckgraphik Moritz von Schwinds *Wie die Thiere den Jäger begraben*) und der populären Kanonmelodie sind es vor allem die krassen Gegensätze zwischen Trauermarsch einerseits und dem dazu scharf kontrastierenden, eine «böhmische Musikantenkapelle» suggerierenden Idiom (T. 39 ff.) andererseits. Der durch Terzen- und Sextenparallelen geprägte sowie melodisch meist engräumig in sich kreisende Duktus evoziert eine geradezu grotesk verformte Gegenwelt: sentimentale Gebrauchsmusik fernab von jeglicher Trauerschwere. Wenige Takte später (T. 45 ff., Z. 6) geht Mahler noch einen Schritt weiter: «Mit Parodie» überschreibt er einen Abschnitt, der scheinbar das absolute Gegenbild von Trauer repräsentiert, nämlich Straßen- oder Wirtshausmusik, Große Trommel und türkische Becken, die Streicher col legno. Mahler selbst hat dieses so widersprüchliche Szenario eindrucksvoll beschrieben: ein von einer «ganz schlechten Musikkapelle» dumpf abgespielter Marsch, der durchsetzt wird von einer «sich dreinmischenden ‹böhmischen Musikantenkapelle›» (NBL 2: 174) als klangliches Signum einer Welt der Rohheit und Banalität. Diesen scharfen, ironisch zugespitzten Kontrast von auf den ersten Blick unvereinbaren Empfindungsebenen hat Vladimir Karbusicky zu Recht als «Begräbniskarikatur» beschrieben (Karbusicky 1978: 37), der allerdings ein hohes Maß an Realitätsgehalt innewohnt. Damit erschließt Mahler ein in seiner Konsequenz radikal neues Ausdrucksspektrum: die Zeichnung einer ungeschönten, fratzenhaften und grotesk deformierten Lebenswelt, die nur durch eine ebenso radikale Aura des ihr innewohnenden musikalischen Vokabulars adäquaten Ausdruck finden kann. In der Wiederkehr des A-Teiles (ab T. 113, Z. 13) wird dieser ironische Kontrast noch zugespitzt. In das Trauermarschthema bricht unvermittelt, in «plötzlich viel schneller[em]» Tempo (ab T. 139), die bereits erwähnte böhmische Musik ein. Mahler kombiniert hier somit jene extremen musikalischen Antagonismen, die zuvor parataktisch gereiht wurden, hier aber nun in wahrhaft «unerhörter» Simultaneität den musikalischen Verlauf determinieren. Die Gleichzeitigkeit völlig konträrer Musikwelten, die die Rezeption gerade dieses Satzes belastet hat, wird indessen nicht nur zu einem wesentlichen Mittel von Mahlers weiterer Sinfonik, sondern hat etwa im Schaffen von Charles Ives, Bernd Alois Zimmermann, Luciano Berio und vielen anderen Komponisten des 20. Jahrhunderts ein neues Kapitel der Problemgeschichte des Komponierens eröffnet.

Allerdings entbehrt dieser 3. Satz nicht einer Sphäre, die jeglicher prosaischen Alltagswelt enthoben ist. Denn im Mittelteil greift Mahler – wie so oft in seinen Sinfonien – auf ein Lied, konkret das vierte der *Lieder eines fahrenden Gesellen* zurück (siehe hierzu Kap. *Sinfonie und Lied*, S. 15). «Lieb' und Leid und Welt und Traum» werden hier zu Momentaufnahmen einer anderen, von der Sehnsucht nach innerer Ruhe und Glücksfindung geprägten Befindlichkeit. Aber diese Welt – dies wird aus dem Lied deutlich – ist Erinnerung, unwiderrufliche Vergangenheit, ja vielleicht sogar vergebliche Flucht aus einer dazu extrem konträren, in jeder Weise desillusionierenden Realitätsebene. Die dem Lied entnommene Schlusswendung des Mittelteils (T. 111 f.), ein dreitöniges, nach Moll gewendetes Motiv, scheint diese Deutungsperspektive nachdrücklich zu stützen.

Nach diesem von Brüchen und ironisch aufgeladenen Kontrastwelten durchsetzten 3. Satz ist ein affirmativer Gestus, den der Finalsatz letztendlich auch verwirklicht, zunächst nur schwer vorstellbar. In der Tat hat dieser für damalige Rezensenten der frühen, noch unter dem Titel «Titan» firmierenden Aufführungen 1893 in Hamburg und 1894 in Weimar befremdend, ja schockierend gewirkt, wobei das Spektrum von «absurdesten Excentricitäten wie die fürchterlichen Beckenschläge» über ein «wüste[s] Spektakel mit allerlei grotesken Instrumentationswitzen an der Stelle, wo man eine Schilderung des Paradieses erwarten sollte», reicht (Kubik/Hefling 2019: XIV und XVIII). Die Entwicklung der Satztitel von *Dall'Inferno (Allegro furioso)*, 1893, zu dem von Dante inspirierten *Dall'Inferno al Paradiso*, 1894, lässt dabei erkennen, dass Mahler eine gehaltliche Akzentverschiebung von einem «plötzliche[n] Ausbruch der Verzweiflung eines im Tiefsten verwundeten Herzens» (1893) hin zu einer letztendlichen Erlösungsperspektive (1894) unternommen hat. Damit betont er aber auch die explizit prozessuale, werkübergreifende Konzeption der Sinfonie, die sich – ausgehend von dem unerfüllt gebliebenen Durchbruch in T. 358 des Kopfsatzes – erst mit jenem des Finalsatzes (ab T. 375) erfüllt. Der nach dem 3. Satz geradezu schockierende Beginn des Finales, der im fff einsetzt und von kurzen, abgerissenen Motiven durchfurcht wird, bildet zwar auf den ersten Blick das krasse Gegenbild zur ruhig verinnerlichten, ja bisweilen geradezu statischen Einleitung des Kopfsatzes, und doch ist er ihr in vielem näher, als es der extreme dynamische Kontrast vermuten lässt. Auch hier sind es zunächst vereinzelte Partikel: anfangs ein gleißender Beckenschlag, gefolgt von wilden Streichertiraden; ein im Quartrahmen aufsteigendes Motiv (T. 7 f.), dem später noch zentrale Bedeutung zukommen wird; fallende Triolenfiguren, die mehrfach wiederkehren, und scharf abgerissene, kurze *ff*-Akzente. Erst nach 54 Takten scheint sich ein konsistentes thematisches Gebilde zu behaupten, das allerdings in hohem Maße von permanenter motivisch-thematischer Verdichtung bestimmt ist. Man kann dieses Finale zwar als Sonatenform beschreiben, wird damit aber dem eigentlichen musikalischen Geschehen kaum gerecht. Denn das Wesen dieses Satzes ist von Anfang an der gleichsam zugespitzte Gestus einer satzübergreifenden hochdramatischen und zugleich wechselvollen dramatischen Entwicklung. Und es ist kaum zufällig, dass dort, wo sich ein thematisches Gebilde zu formieren scheint (ab T. 55), Mahler im Grunde auf einen ähnlich gearteten Abschnitt des 1. Satzes zurückgreift (dort besonders ab T. 307). Er führt diesen zerrissenen, in der Tat exzentrischen Entwicklungsgestus bis zu einem Extrem: «Mit grosser Wildheit» lautet Mahlers Ausdrucksanweisung in T. 143 (Z. 12), ein Szenario von permanenten, kurzgliedrigen und extremen Crescendi, die geradezu zwingend einen Durchbruch, einen thematischen «Befreiungsschlag» erfordern würden, indessen – wie im Kopfsatz – innerhalb weniger Takte verpuffen, in den nun im *pp* erklingenden fallenden Triolenfiguren kollabieren und schließlich mit einer chromatisch ansteigenden, zart in sich kreisenden Streicherfigur zum «sehr gesangvoll[en]» Seitenthema führen.

Wie ausgeprägt Mahler immer wieder auf den Kopfsatz zurückgreift, zeigt sich in weiterer Folge mehrfach, etwa in dem schon erwähnten Durchbruch (T. 375), der allerdings einmal mehr die Energie, die er scheinbar freizusetzen scheint, nicht einzulösen vermag. In einem Wechseltonmotiv der tiefen Streicher (T. 404 ff.) verliert sich die so kühn aufgebaute Schubkraft innerhalb weniger Takte und führt schließlich zum eigentlichen Wendepunkt der sinfonischen Dramaturgie. Mit T. 428 kehrt Mahler ein letztes Mal zur motivisch-thematischen Substanz des Kopfsatzes zurück. Dieser ausgedehnte, 30 Takte umfassende Abschnitt scheint auf den ersten Blick dessen Einleitung aufzugreifen, integriert allerdings auch Bestandteile des Finalsatzes, so das fallende Triolenmotiv (Trompeten, T. 434 f.) oder den Beginn des Seitenthemas (Violoncelli und Violinen, T. 443 f.), und eine kurze Erinnerung an das Hauptthema sowie das «Tirili»-Motiv des Kopfsatzes (Fagott, T. 454; 1. Flöte, T. 455–458). In der Tat erfolgt hier eine markante Synthese der beiden Ecksätze, wobei der Variantenreichtum der verschiedenen Rückgriffe auf die Einleitung des Kopfsatzes gewahrt bleibt. In der darauf folgenden Reprise des Seitensatzes (T. 458) behauptet sich einmal mehr die für diese Sinfonie so auffällige Ambivalenz von Steigerung und kurz darauf folgendem Sistieren des Spannungsverlaufs, die nirgendwo sonst in diesem Satz derart prononciert in Erscheinung tritt. Ein statischer und ins leiseste dynamische Register zurückgenommener Klang wird überlagert von einer – wie Mahler fordert – «übertreibend stark» im *fff* einbrechenden auftaktigen Dreitonfigur (Violen, T. 520), mit der er einen «gepreßten, gewaltsamen» Tonfall erzielen wollte (NBL 2: 176). Es handelt sich hier in einem zugespitzten Sinne um einen musikalischen «Moment», der scheinbar für sich steht als etwas, das vom musikalischen Vergangenen und von einer Erwartung des Zukünftigen untangiert ist und gerade dadurch seine irritierend aufschreckende Wirkung erzielt, die den entscheidenden formalen Wendepunkt nicht nur im Finalsatz, sondern in der Gesamtanlage dieser Sinfonie signalisiert. Denn innerhalb weniger Takte (und in Verbindung mit einer markanten Abnahme der Dynamik) entwickelt sich diese Dreitonfigur zum Ausgangspunkt jenes im Quartrahmen aufsteigenden Motivs, das erstmals in T. 7 begegnet ist. Hier nun beginnt eine in Steigerungswellen verlaufende Entwicklung zur finalen Apotheose, die in mehrfacher Hinsicht auf den Kopfsatz zurückgreift: Neben dem nun endgültigen Durchbruch der Tonika D-Dur sind dies vor allem die Fanfaren und die triumphale Wiederkehr der Quartfallsequenz aus den ersten Takten der Einleitung. Ein neues Element, das freilich für die Semantik dieses Satzes wesentliche Bedeutung hat, ist der Finalehymnus (Steinbeck 2010: 230), der bereits an einem entscheidenden Moment dieses Satzes, nämlich dem Durchbruch in T. 375, antizipiert wurde. Die für diesen markante Verbindung des Liszt'schen Kreuzsymboles (Trp. und Pos., T. 370 f.) mit dem «Dresdner Amen» (Ob. und Trp., T. 374 f.), einer motivischen Verbindung, die geradezu zwingend an das Gralsmotiv in Wagners *Parsifal* erinnert, wird nunmehr zum Signum idealistisch überhöhter Apotheose.

Der Grenzgang zwischen dem finalen Durchbruch als gattungsspezifischem Merkmal seit Beethovens 5. Sinfonie und der von Mahler fraglos intendierten Inszenierung von Transzendenz hat durchaus kritische Wertungen zur Folge gehabt: «Konvention», «etablierte Autorität des Choralwesens» (Adorno 2019: 159), ein «Überwindungspathos», das eher als Vergessen und Verdrängen einer anderen, durchaus von Tragik und Verzweiflung geprägten Lebenswelt fungiert (Eggebrecht 1986: 20 f.), oder ein letztlich «unreflektierter und haltlos idealistischer Impetus», der theatralischer Drastik nicht entbehrt (Sponheuer 1978: 87). Zweifellos zeigt sich in diesem Werk, das der Komponist Rudolf Mengelberg als «Inbegriff einer Ersten Symphonie» beschrieben hat (Mengelberg 1923: 42), eine bemerkenswerte Diskrepanz existentieller Erfahrungswelten, unter denen die scheinbare Vergegenwärtigung von Transzendenz zwar den Schlusspunkt setzt, keinesfalls aber deshalb jene von Vergeblichkeit, Verlust und Tragik durchzogenen Erfahrungswelten der vorangegangenen Sätze negiert. Denn es sind nicht zuletzt die gescheiterten Durchbruchszenarien seit dem 1. Satz, das Immer-wieder-Aufgreifen einer gleichsam elementaren Naturhaftigkeit, das die Einleitung des Kopfsatzes so wesentlich prägt: All dies wirkt im Finale fort und führt zu einer Konzeption von Sinfonie, die auch auf andere Weise eine «Finalsinfonie» ist: nämlich nicht nur als krönende, alles übertönende Apotheose, sondern auch als Konsequenz eines zuvor quälend langen Prozesses ihres «Nicht-Gelingens». Gerade dadurch entwickelt Mahler – trotz der oben angeführten Vorbehalte – eine Dramaturgie, die nicht nur wirkungsästhetisch zwingend ist, sondern in vieler Hinsicht die große Bedeutung dieses Erstlings nicht nur für Mahlers weitere kompositorische Entwicklung, sondern für jene der Gattung «Sinfonie» an sich dokumentiert.

«Nervenerlebnis»: Abgründe – Weltenende – Erlösung: die 2. Sinfonie

Besetzung: Sopran- und Altsolo, gem. Chor, 4 Fl. (alle auch Picc.), 4 Ob. (3. und 4. auch Eh.), 2 Klar. in Es, 3 Klar. (3. auch Bassklar.), 4 Fag. (3. und 4. auch Kontrafag.), 10 Hr., 6 Trp., 4 Pos., Kontrabasstuba, 2 Paukenspieler (je 3 Pk.), Schlagwerk (Glockensp., Stahlstäbe oder Glocken, Trgl., Becken, Tam-tam, Rute, Kl. Tr., Gr. Tr.), 2 Hf., Orgel, Streicher/Fernorchester: 4 Hr., 4 Trp., Pk., Trgl., Becken, Gr. Tr.
Entstehungszeit: *Todtenfeier* und Andante (später 2. Satz) 1888, übrige Sätze: 1893/94.
Erstaufführungen: 1.–3. Satz: 4. 3. 1895, Berlin; gesamte Symphonie: 13.12.1895, Berlin.
Erstdruck: Leipzig (Hofmeister) 1897 (später von Jos. Weinberger und UE in Wien übernommen).
Neue Kritische Gesamtausgabe: Mahler NGA, Bd. II, Wien 2010 (UE).

In mehrfacher Hinsicht weist Mahlers 2. Sinfonie Parallelen, aber auch Unterschiede zu seiner *Ersten* auf. Ging Letzterer die «Symphonische Dichtung in Symphonieform *Titan*» voraus, so wurde der Kopfsatz der 2. Sinfonie auf der Titelseite der Partiturreinschrift noch verdeutlichend mit dem autographen Eintrag «Symphonie in C-moll / I. Satz» versehen. Als solcher ist dieser im September 1888 fertiggestellt worden. Später, aber wohl vor Oktober 1889, hat Mahler den letztgenannten Titel (außer dem Hinweis «1. Satz») durchgestrichen und in anderer Tinte *Todtenfeier* notiert. Im Gegensatz zur 1. Sinfonie liegt hier also nicht eine Genese der Titelgebung von Sinfonischer Dichtung zur Sinfonie vor, sondern ist eine als Kopfsatz einer Sinfonie intendierte Komposition nachträglich mit einem programmatischen Titel versehen worden. Eine deutliche Parallele zur 1. Sinfonie lässt sich aber im Hinblick auf die zentrale Bedeutung seines Liedschaffens als Inspirationsquelle für sein sinfonisches Schaffen erkennen. Und es ist keineswegs zufällig, dass Mahler die Klavierfassung seines am 8. Juli 1893 entstandenen *Wunderhorn*-Liedes *Des Antonius von Padua Fischpredigt* als ‹vorläufige Studie› für das Scherzo seiner 2. Sinfonie aufgefasst hat (Reilly 1999: 86). Nur acht Tage später vollendete er die Skizze zu diesem 3. Satz (der ursprünglich als zweiter vorgesehen war), und weitere drei Tage später (am 19. Juli) finalisierte Mahler die Reinschrift zum Lied *Urlicht*, das – zusätzlich zu den autonomen Fassungen als Klavier- und Orchesterlied – zum 4. Satz seiner 2. Sinfonie werden sollte. Die Orchesterliedfassung der *Fischpredigt* ist hingegen erst am 1. August 1893, also nach dem Entwurf des Scherzosatzes fertiggestellt worden. Auf eindrucksvolle Weise wird somit deutlich, wie eng Lied und Sinfonie bei Mahler ineinander wirken, was aber keineswegs zwingend die Existenz einer Orchesterfassung für die Integration eines Liedes in die Sinfonie zur Voraussetzung haben muss. Aber auch der Titel *Todtenfeier* selbst implizierte für Mahler eine deutliche Brücke zur 1. Sinfonie. In einem Brief vom 26. März 1896 an Max Marschalk äußerte er: «Ich habe den ersten Satz ‹Todtenfeier› genannt, und wenn Sie es wissen wollen, so ist es der Held meiner D-dur-Symph[onie], den ich zu Grabe getragen habe, und dessen Leben ich, von einer höheren Warte aus, in einem reinen Spiegel auffange. Zugleich ist es die große Frage: *Warum hast du gelebt?* Warum hast du gelitten? Ist das alles nur ein großer, furchtbarer Spaß? – Wir müssen die Frage[n] auf irgend eine Weise lösen, wenn wir weiter leben sollen – ja sogar, wenn wir nur weiter sterben sollen! In wessen Leben dieser Ruf einmal ertönt ist – der muß eine Antwort geben, und diese Antwort gebe ich im letzten Satz.» (GMB 1996: 172 f.). Grundlegende Fragen der menschlichen Existenz sind in nahezu allen Werken Mahlers von zentraler Bedeutung. Der für die 2. Sinfonie so geläufige, gleichermaßen aber verengende Beiname «Auferstehungssymphonie» verweist zwar auf den eschatologischen Anspruch der Werkkonzeption, relativiert aber die von Schreckensszenarien geprägte Aura insbesondere im Kopfsatz, im Scherzo, und schließlich auch in den apokalyptischen Abschnitten des Finalsatzes. Schroffe, ja schockierend kontrastierende Ausdruckswelten bestimmen dabei einen Weg von schicksalhaftem Scheitern (Kopfsatz), Episoden des «gefallenen Helden», bestimmt von Liebe einerseits, einer wie «im Hohlspiegel, verkehrt und wahnsinnig» erscheinenden Welt andererseits (2. und 3. Satz), der Suche nach Gott und ewiger Existenz (4. Satz) und schließlich dem durch die Apokalypse sich eröffnenden Weg zur Erlösungsgewissheit im Finale (NBL 2: 40).

Wenn auch klare Bezüge zwischen 1. und 2. Sinfonie bestehen, so wurde doch das grundsätzlich Neue dieses Werkes für die Gattungsgeschichte selbst erkannt. Vielleicht am deutlichsten hat dies der Rezensent der Wiener Aufführung am 24.11. 1907, Julius Korngold, zur Sprache gebracht. Für ihn beginnt mit diesem Werk eine neue Phase der Sinfonik: Sie wird ein «Nervenerlebnis. Hinter dem Gefühle, das sich mitteilen, hinter der Phantasie, die gestalten will, waltet die Peitsche der Nerven. So kommt es zu den ungeheuren Spannungen und Explosionen, die uns zugleich erschrecken und anziehen. Denn wir entladen uns mit. Und inmitten der Furchtbarkeiten einer *dies irae*-Schilderung – man sehe Mahlers letzten Satz – beginnt ein Vöglein zu flöten. Das ist inmitten einer beispiellosen Überreizung der holde, versöhnende Ruf der Natur» (Korngold 1907: 1). Korngold bezieht sich hier auf den Mittelteil des Finalsatzes (T. 310 bis zum Einsatz des Chores in T. 472). Formal gesehen handelt es sich um den Schlussteil des Durchführungsabschnittes und den Beginn der Reprise (ab T. 402). Allerdings wird diese strukturelle Ebene überwölbt von der Suggestivität einer im Grunde eigengesetzlichen Steigerungsanlage, nämlich Höhepunkt sowie Einsturzfiguren, und die in ihrem drängend-unruhigen Charakter dramatisch zugespitzte Vorwegnahme der später auch vokal in Erscheinung tretenden Spannungskurve von menschlichem Streben und Leiden einerseits, der Erlösungsgewissheit andererseits (T. 560ff., Z. 39: «O glaube, mein Herz! O glaube: Es geht dir nichts verloren! Dein ist, Dein, ja Dein, was Du gesehnt! …»). Das Durchführungsende wird durchdrungen von aus weitester Ferne erklingenden Fanfarenelementen, zunächst «Klänge einer kaum vernehmbaren Musik» (so Mahler in einer Anmerkung zu den T. 343ff.), die allerdings nach und nach intensiver werden und mit T. 402 zu einem weiteren dynamischen Höhepunkt führen, der zwar formal den Beginn der Reprise markiert, im Grunde aber eher das Ziel einer geradezu zwingend zur Katastrophe führenden Klangdramaturgie bildet. Mahler selbst hat diese Klimax, mit der das Finale beginnt und die erstmals im Scherzosatz erklingt, als «Todesschrei» beschrieben (NBL 2: 40). In diesem Kontext von extremer existentieller Ausgesetztheit, die sich wesentlich in einer massiv drängenden, kaum noch beherrschbaren Dynamik des Zeitverlaufs manifestiert, markiert der erwähnte Höhepunkt in T. 402 eine Art Peripetie, die sich zuallererst in einer Stabilisierung des Metrums, einer sukzessiven Entschleunigung und – mit der Wendung nach Des-Dur (T. 418) – in einem massiven Dynamikkontrast (*pp* bzw. *ppp* nach zuvor *ff*) niederschlägt. In dieser in sich ruhenden klanglichen Aura deutet sich in den Violoncelli (später auch Bratschen und Violinen) zunächst kaum wahrnehmbar ein Thema an, dem später noch entscheidende Bedeutung zukommen wird und das als Ausdruck der Erlösung nach dem Tod (Chor, T. 696ff.: «Sterben werd' ich um zu leben!») die finale Kulminationsphase einleitet. Die von Korngold angeführten «Spannungen und Explosionen» entfalten aber auch in anderer Hinsicht ein ungemein zukunftsweisendes Potential: denn in der Geschichte der Sinfonik ist bis dahin wohl kaum je die Spannungskurve zwischen klar konturiertem metrischen Verlauf und einer im Grunde «zeitlosen» Statik der Klangereignisse derart konsequent komponiert worden. Die in der *Geheimen Offenbarung* des Johannes (Kap. 10, Vers 6) geschilderte Vision eines Endes der Zeitlichkeit («daß hinfort keine Zeit mehr sein soll») führt im Finale von Mahlers 2. Sinfonie letztlich zur Aufhebung jeglicher präexistenten temporalen Ordnung. Dies zeichnet sich bereits beginnend von T. 440 ab: einem zunehmenden «Zum-Stillstand-Kommen» der musikalischen Ereignisse. Mit T. 448, jenem Abschnitt, den Mahler in den frühen Quellen zu dieser Sinfonie als *Der Große Appell* betitelt hat, entfaltet sich ein räumlich entgrenztes Wechselspiel von «in weiter Entfernung» aufgestellten Hörnern und Trompeten einerseits, Vogelstimmen stilisierenden, im Orchester platzierten

Flöten andererseits. Die anfänglichen, von Pausen und Fermaten durchsetzten Fanfarenbruchstücke der Blechbläser, die jeglichem Metrum enthobenen Vogelrufe der Flöten (ab T. 459), das kaum noch einer regelmäßigen Pulsation folgende Zusammenspiel der Instrumente, das Mahler des Öfteren durch zusätzliche Koordinierungshinweise markieren muss: All dies führt zum Extrem einer Musik, die nur noch aus sich heraus, aus den konkreten musikalischen Gestalten eine von aller prädisponierten Pulsation befreite Vision von Zeit schafft. «Lange und verklingend», «sich verlierend», «schnell und schmetternd»: Dies sind nur einige wenige Angaben Mahlers, mit denen er dieser grundlegend neuen Dramaturgie einer weitgehend metrumfreien Zeitlichkeit beredten Ausdruck verleiht. Mahler empfahl in einem Brief vom 23. März 1903 an den Dirigenten Julius Buths für diese Stelle, die seiner Meinung nach die «schwierigste des ganzen Werkes» sei, sogar eine eigene Probe zu halten (GMB 1996: 302). In den oben erwähnten Angaben manifestiert sich aber auch ein weiteres, hinsichtlich der Aufführungspraxis höchst herausforderndes Moment, nämlich das extrem expandierte Dynamikspektrum. In dem eben erwähnten Abschnitt ist es Musik am Rande der Hörbarkeit. Im mit T. 472 beginnenden Einsatz des Chores und später des Solosoprans (dem ersten Erklingen von Vokalstimmen in dieser Sinfonie) ist es daher unabdingbar notwendig, eine extrem leise Ausführung dieser Stelle, mit der auf gänzlich neuartige Weise metrisches Gleichmaß wiederhergestellt wird, zu realisieren. Mahler war sich der Einzigartigkeit dieses Abschnitts auch im Hinblick auf seine aufführungspraktischen Konsequenzen bewusst. So sollte der von ihm intendierte «mysteriöse Klang der menschlichen Stimmen» (GMB 1996: ebda.) in keiner Weise durch optische und akustische Ablenkungen gestört werden. Konsequenterweise empfahl Mahler, den Chor bei seinem ersten Einsatz sitzen zu lassen und erst ab T. 672 («Mit Flügeln, die ich mir errungen») aufstehen zu lassen. Nicht nur die klangliche, sondern auch die visuelle Dimension der Aufführung wird hier in einer Detailliertheit beschrieben, die auf bemerkenswerte Weise auf ein weiteres Beispiel von Mahlers Gesamtdramaturgie seiner interpretatorischen Konzeption verweist, nämlich die Uraufführung seiner 8. Sinfonie im September 1910.

Die «Peitsche der Nerven», von der Korngold in seiner Rezension spricht, lässt sich allerdings nicht auf den Finalsatz beschränken. Sie findet sich etwa auch im Spannungsfeld jenes «nie ruhende[n], nie verständliche[n]» Lebensgetriebes, das den Scherzosatz sowie das diesem zugrunde liegende *Wunderhorn*-Lied *Des Antonius von Padua Fischpredigt* prägt, und dem versuchten Ausbruch daraus in der Kulminationsphase in den T. 465–480, die Mahler als «Schrei des Ekels» (GMB 1996: 173) und Adorno als «Aufschrei des Verzweifelten» (Adorno 2019: 155) beschrieben hat. Immer wieder durchbricht das musikalische Geschehen die Normen eines kontinuierlich regulierten Zeitverlaufs, explodiert gleichsam infolge seiner Eigendynamik (wie etwa in der Zusammenbruchsphase der T. 98 ff.), gibt im Trio einer lyrisch-verklärten Kantilene der Trompete Raum (ab T. 272), die eine «Vision von paradiesischer Ruhe» suggeriert (Maurer-Zenck 1976: 182), um ab T. 328 wieder zu jener rastlosen Bewegungsdynamik zurückzukehren, die mit der Wiederkehr des Scherzoteiles (ab T. 348) einhergeht. Die Vielfalt und Komplexität in der Abfolge (und auch im schroffen Kontrast) unterschiedlicher Ebenen von Zeitgestaltung, die für den Scherzosatz – und noch intensiver für das Finale – charakteristisch ist, zählen in der Tat zu den innovativsten Momenten in Mahlers früher Sinfonik. Die «Aufhebung des Denkens in der Zeit als Geschehen und Geschichte» (Eggebrecht 1986: 94) im *Großen Appell* des Finalsatzes (T. 448–471) und die dramatischen Eingriffe in einen kontinuierlichen Zeitverlauf im Scherzo bilden dabei zwei Pole innerhalb eines breiten Spektrums gelebter Temporalität. Zeit fungiert bei Mahler sowohl als gleichmäßiges Fließen, zu einem großen Teil aber auch als ein Komplex «diskontinuierlicher, spontaner, schöpferischer Akte» (Revers, W. J. 1985: 10).

Von solchen Diskontinuitäten hinsichtlich der Zeitgestaltung ist auch der über weite Strecken vom Duktus des Marsches durchsetzte Kopfsatz bestimmt. Dessen bereits erwähnte Doppeldeutigkeit (einerseits als «1. Satz», andererseits als *Todten-*

feier – und damit den Typus eines Trauermarsches nahelegend) lässt von vornherein ein Spannungsverhältnis zwischen der zu erwartenden Sonatenform einerseits, der formalen Eigendynamik der Marschcharaktere andererseits erwarten. Zweifellos bildete der Trauermarsch von Beethovens *Eroica* ein für Mahler wichtiges Vorbild, und zwar nicht nur im Hinblick auf den plötzlichen *fff*-Ausbruch, mit dem in den T. 244ff. die Einleitung wieder aufgegriffen wird, der aber wenige Takte später ins *pppp* zurückfällt und – «Sehr langsam beginnend» (es-Moll: ab T. 254) – zu einer allmählichen Steigerung hin zur eigentlichen Klimax des Satzes ab T. 291 führt. Auch die sukzessive Auflösung der Marschelemente (bei Mahler ab T. 420) findet in der *Eroica* eine Parallele (dort ab T. 238). Und auch in den letzten Takten des Kopfsatzes lässt sich ein deutlicher Bezug zu Beethoven herstellen, nämlich in der finalen, sich aufbäumenden Geste der Schlusstakte (bei Beethoven ein unerwarteter *sfz*-Ausbruch in der Tonika c-Moll, bei Mahler ein plötzlicher, zwei Oktaven umspannender, chromatischer Absturz im *ff*). Mahlers Sinfonische Dichtung *Todtenfeier*, wie auch der Kopfsatz, haben die Frage aufgeworfen, welche Relevanz für beide Werke die literarische Vorlage, nämlich das dramatische Epos *Dziady* (*Totenfeier*) von Adam Mickiewicz (1798–1855) hat. Ein unmittelbarer Bezug von Mickiewicz' Gedicht zu Mahlers Kopfsatz der *Zweiten* lässt sich nicht nachweisen, allerdings findet sich – wie Stephen Hefling detailliert dargelegt hat – eine «größere Zahl an darauf hindeutenden Korrespondenzen zwischen beiden Werken, wobei vor allem die «aufgeregte Unbeständigkeit und außerordentlich krasse Stimmungswechsel» (Hefling 2011: 221) hervorzuheben sind. Dass Mahler Mickiewicz' Epos kannte, liegt jedenfalls nahe, erschien doch 1887 unter dem Titel *Todtenfeier* die von Mahlers engem Freund Siegfried Lipiner vorgenommene deutsche Übersetzung inklusive einer umfangreichen philosophischen Einführung. Das für *Dziady* zentrale Thema der unerwiderten Liebe und des Selbstmords, dessen Protagonist «Gustav» von Lipiner in einen engen Bezug zu Goethes Werther gestellt wurde, findet sich etwa auch in Mahlers *Liedern eines fahrenden Gesellen*, vor allem im 3. Lied «Ich hab ein glühend Messer in meiner Brust», das mit den verzweifelten Versen «Ich wollt', ich läg auf der schwarzen Bahr'/ und könnt' nimmer, nimmer die Augen aufmachen!» endet. Es liegt hier somit ein dichtes Geflecht von intertextuellen Bezügen und wohl auch autobiographischen Komponenten vor, unter denen die von dem Psychoanalytiker Stuart Feder für Mahler reklamierte Triade «love and its loss, depression and creativity» eine entscheidende Rolle spielt (Feder 1997: 89; Hefling 2011: 213). Für eine Aufführung der 2. Sinfonie in Dresden am 20. Dezember 1901 präzisierte Mahler die inhaltliche Dimension des Kopfsatzes: «Wir stehen am Sarge eines geliebten Menschen. Sein Leben, Kämpfen, Leiden und Wollen zieht noch einmal, zum letzten Mal an unserem geistigen Auge vorüber. [...] Was ist dieses Leben – und dieser Tod? Giebt es für uns eine Fortdauer? Ist dieß Alles nur ein wüster Traum, oder hat dieses Leben und dieser Tod einen Sinn?» (La Gange/Weiß 1997: 87). Mahlers vielfältige Erfahrungs- und Assoziationsebenen werden in dieser Programmnotiz wesentlich auf grundlegende existentielle Fragen zugespitzt, weisen aber auf die Lösung dieser Frage im Finale voraus. Dieses Bezugsfeld wird besonders deutlich an jenen Stellen, die Adorno als «Einsturz» beschreibt: diese habe Mahler «unverkennbar im ersten Satz der zweiten Symphonie übernommen, der überhaupt die Tendenz zusammenzustürzen» zeige (Adorno 2019: 194). Nachdrücklich tritt dies am Beginn des 2. Teils der Durchführung (T. 244 ff.) in Erscheinung. Mahler greift die Sechzehntelfiguren der tiefen Streicher am Beginn des Satzes auf, zwischen denen er massive Tam-tam-Schläge setzt, um wenig später in einer chromatisch fallenden Tremololinie der Streicher die Musik «bis zur Unhörbarkeit» abnehmen zu lassen. Generell werden die Momente des Einsturzes gegen Ende der Durchführung häufiger. Sie weisen einerseits bereits auf den letzten Tutti-Zusammenbruch (T. 441 ff.), voraus, andererseits auf die Kulminierung von Marschelementen im Finale, bei denen sich – je mehr sie vorwärts drängen – die Einsturzphasen intensivieren (ab T. 310).

Die Sätze 2 und 4, zugleich die kürzesten der Sinfonie, stellen gegenüber den Rahmensätzen und dem *Fischpredigt*-Scherzo

Phasen der Ruhe dar. Vor allem der 2. Satz («Andante») bildet einen markanten Gegensatz zum hochdramatischen Kopfsatz: ein Umstand, der Mahler einiges an Mühe bereitet hat. Im bereits erwähnten Brief an Julius Buths äußert er sich diesbezüglich nicht ohne eine gewisse Portion Selbstkritik: Es müsse «nach dem 1. Satze eine ausgiebige Sammlungspause eintreten, weil der 2. Satz nicht als Gegensatz, sondern als bloße Diskrepanz nach dem 1. wirkt. Es ist dies meine Schuld und nicht mangelndes Verständnis des Zuhörers.» Und wenig später meint Mahler, dass «das 2. Stück für sich selbst» dastehe und «in gewissem Sinn den strengen, herben Gang der Ereignisse» unterbreche (GMB 1996: 302). Zwar ruft der 2. Satz auf den ersten Blick den Eindruck einer heilen, ungetrübten Welt, eines beschaulichen und in sich ruhenden Gegenpols zur Dramatik des Kopfsatzes hervor, andererseits wird dessen scheinbare Idylle in Frage gestellt. Der Satz ist durch zwei in mehrfacher Hinsicht kontrastierende Abschnitte definiert, die variiert wiederkehren, um gegen Ende einer nochmaligen Variante des A-Teiles Raum zu geben. Entspricht der A-Teil einem gemächlichen Ländler, so ist der B-Teil durch eine kontinuierliche Bewegung in Sechzehnteltriolen charakterisiert. Deren anfangs noch deutlich aufeinander bezogene Tempodisposition (A-Teil in As-Dur: «Andante moderato. Sehr gemächlich! Nie eilen!»; B-Teil, T. 39–85, in gis-Moll: «Nicht eilen. Sehr gemächlich») und auch die für beide Abschnitte vorherrschende verhaltene Dynamik (*p* – *ppp*) wird allerdings zusehends aufgebrochen. Bereits gegen Ende des B-Teils fallen zwei Momente auf, die jene Aura ungebrochener Idylle in Frage stellen. Zunächst sind es plötzliche *sforzati* in Verbindung mit der Tempoanweisung «Etwas drängend» (ab T. 74). Darüber hinaus löst sich der B-Teil in den letzten Takten in repetierte Sechzehnteltriolen und schließlich in eine Stagnation auf dem Einzelton dis^1 auf, mit dem – enharmonisch verwechselt zu es^1 – der folgende A-Teil allmählich anhebt. Das Spannungsverhältnis der beiden Teile verschärft sich in weiterer Folge beträchtlich. Kaum größer könnte die Diskrepanz zwischen dem «gänzlich ersterbend[en]» Verklingen des variierten A-Teiles (T. 127 ff.) und dem heftig im *fff* dreinfahrenden B-Teil (T. 133 ff.) sein. Mahler zielt hier auf dramatische Zuspitzung, auf scharfe dynamische Kontraste, und einmal mehr auf das für diesen Satz so charakteristische Verhältnis von Zerfall und folgender Neuformulierung der motivischen Substanz, die für ihn nicht zuletzt auch klangliche und aufführungspraktische Konsequenzen hatte. In besonders plastischer Weise tritt dies in den T. 198–216 (dem Übergang vom B- zum A-Teil) in Erscheinung. Mahler verlangte an dieser Stelle (T. 210 ff.) eine «nach Guitarrenmanier waagrecht über der Brust» erfolgende Haltung der Violinen und Violen. In dieser Weise wurde diese Stelle offensichtlich noch bei der Wiener Erstaufführung der 2. Sinfonie am 9. April 1899 wiedergegeben: ein Sachverhalt, der den Rezensenten der *Deutschen Zeitung* (Wien, 8. April 1899) zur Betitelung seiner Konzertkritik «Die Inscenierung von Mahlers Symphonie» veranlasst hat.

Auch wenn dieser Andante-Satz am Ende zu jenem verklärten Tonfall, der dessen Beginn ausmacht, zurückfindet, so sind die irritierenden Momente, das Aufbrechen der scheinbaren Idylle nicht weniger von Bedeutung. Der «Nachklang längst vergangener Zeiten aus dem Leben desjenigen, den wir im 1. Satz zu Grabe getragen – ‹da ihm noch die Sonne gelacht›» (GMB 1996: 302), ein Sich-Zurückziehen in eine ungefährdete Behaglichkeit sollten über die in diesem Satz ebenso manifesten Bruchstellen und Widerstände nicht hinwegtäuschen.

Sosehr trotzdem das Andante zwischen den hochdramatischen Sätzen 1 und 3 eine Phase der Ruhe und Sammlung bildet, so fungiert auch der 4. Satz (*Urlicht*) als verinnerlichtes Bindeglied zwischen Scherzo und Finale, denen als verbindendes Element der erwähnte «Todesschrei» eigen ist. Konkretisiert durch die Hinzuziehung der Singstimme wird aber auch hier das Spannungsfeld von existentieller Ausgesetztheit («O Röschen rot. Der Mensch liegt in größter Not! Der Mensch liegt in größter Pein!») und Erlösungssehnsucht («Der liebe Gott wird mir ein Lichtchen geben, wird leuchten mir bis an das ewig selig Leben») evident. Mahler selbst hat den Bedeutungsgehalt dieses Satzes gegenüber Natalie Bauer-Lechner als «das Fragen und Ringen der Seele um Gott und ihre eigene Existenz beschrieben» (NBL 2: 40) und damit treffend dem Ausdruck gegeben, was bereits in den beiden ersten Takten «Sehr feierlich, aber schlicht» als Motto – ausschließlich von den Streichern begleitet – anklingt: «O Röschen rot». Denn bereits damit ist die ambivalente Symbolwelt der Rose angesprochen, die in der biblischen Interpretation sowohl Ausdruck der Hoffnung als auch der Zerbrechlichkeit menschlichen Daseins ist. Und wie um die Doppeldeutigkeit der Rose zu unterstreichen, fügt Mahler vor der Fortsetzung des Textes (T. 15 ff.: «Der Mensch liegt in größter Not») einen intermittierenden, choralhaften Abschnitt der Fagotte, Hörner und Trompeten ein, der laut seinen Vorstellungen «im Hintergrunde des Orchesters» erklingen sollte. Dem Beginn des Chorals, der das vokale Motto aufgreift, kommt dabei eine zentrale gehaltliche Rolle zu: Er erklingt das nächste Mal (T. 27 f.) zu den Worten «[je] lieber möcht' ich im Himmel sein!» und schließlich im letzten Vers (T. 63 f.): «[Der liebe Gott ... wird leuchten mir bis an das] ewig selig Leben.» Es ist kaum übertrieben, ihn als musikalische Keimzelle des dem Text zugrunde liegenden Ideengehalts zu qualifizieren, markiert er doch in seinen Varianten auch die formale Anlage des Liedes (A – B – A'). So erklingt er in Triolenfiguren am Beginn des B-Teils (T. 36), mit dem der Mensch sich auf den Weg zu Gott macht, aber von einem Engel abgewiesen wird, und später (T. 55 ff.) im Zuge einer emphatischen Steigerung der Gottsuche («Ich bin von Gott und will wieder zu Gott!»), die schließlich zum stark verkürzten A'-Teil zurückführt. Es mag kaum zufällig sein, dass die Sehnsucht nach dem «ewig selig Leben» (ab T. 63) u.a. von in Terzen geführten Klarinetten begleitet wird: jener Klangfarbe, mit denen die Triolenvariante des Kopfmotivs am Beginn des B-Teils eingeleitet wurde und solcherart gleichsam das Signum der Entwicklung hin zur Gottsuche und Heilsperspektive bildet.

«eine Welt aufbauen» – aber eine Welt der schroffen Kontraste: die 3. Sinfonie

Besetzung: Altsolo, Knabenchor, Frauenchor, 4 Fl. (alle auch Picc.), 4 Ob. (4. auch Eh.), 3 Klar. (3. auch Bassklar.), 2 Klar. in Es, 4 Fag. (4. auch Kontrafag.), Posthorn, 8 Hr., 4 Trp., 4 Pos., Kontrabasstuba, 2 Hf., Pk. (2 Spieler), Schlagwerk (Tamb., Kl. Tr., Gr. Tr., Becken, Trgl., 2 Glsp., Tam-tam, Rute, Glocken), Streicher.
Entstehungszeit: erste Skizzen vermutlich Sommer 1893, Abschluss der Komposition: 22.11.1896 (der 1. Satz entstand zuletzt).
Erstaufführungen: 2. Satz: 9.11.1896, Berlin; 3. und 6. Satz: 9.3.1897, Berlin; gesamte Sinfonie: 9.6.1902, Krefeld.
Erstdruck: Wien (Josef Weinberger) 1902.
Kritische Gesamtausgabe: Mahler GA, Bd. 3, Wien 1974.

Man könnte meinen, dass Mahlers Vision einer Welt der Transzendenz, wie er sie im Finale der 2. Sinfonie verwirklicht hat, kaum überbietbar ist. Und dennoch äußerte er gegenüber Natalie Bauer-Lechner, dass seine *Dritte* «noch über jener Welt des Kampfes und des Schmerzes in der Ersten und Zweiten» schwebe und «nur als deren Resultat» verstanden werden könne (NBL 2: 35). Zudem war sich Mahler bewusst, dass er mit diesem Werk die tradierte sinfonische Form zugunsten eines umfassenden Konzepts sinfonischer Welthaltigkeit sprengen sollte. Über die Arbeit am Kopfsatz äußerte er: «Es ist furchtbar, wie dieser […] mir über alles, was ich je gemacht habe, hinauswächst, daß mir die Zweite als ein Kind dagegen erscheint. […] Wahres Entsetzen faßt mich an, wenn ich sehe, wohin das führt, welcher Weg der Musik vorbehalten ist, und daß mir das schreckliche Amt geworden, Träger dieses Riesenwerkes zu sein.» (NBL 2: 59). Die Diktion, mit der Mahler sich über den außerordentlich hohen Anspruch seiner 3. Sinfonie äußert, mag zunächst befremdlich erscheinen: und dies umso mehr, wenn man dessen geradezu messianischen Anspruch ins Blickfeld nimmt. Versuchte Mahler in seiner *Zweiten* eine eschatologische, Erlösung und Auferstehung als Gnadenakt interpretierende Konzeption des Finalsatzes zu verwirklichen, so scheint er diese in der *Dritten* autonom, als zutiefst eigenständigen kreativen Akt aufgefasst zu haben und damit auch an die

Grenzen seines musikalischen Schaffens gestoßen zu sein: «Erholen wollte ich mich nach dem Ernst und der Schwere der Zweiten an diesem Werk, das mir nun so über den Kopf wächst. Unwiderstehlich reißt es mich fort. [...] Ein Entrinnen gibt es da nicht!» (NBL 2: 60) – so äußerte sich Mahler Anfang Juli 1896 über die Arbeit an seiner neuen Sinfonie. Allerdings war er hinsichtlich der Anknüpfung seiner *Dritten* (speziell des 1. Satzes) an die Gattungstradition keineswegs widerspruchsfrei. Seiner oben erwähnten Auffassung, mit diesem Werk eine völlig neue Konzeption von Sinfonie zu schaffen, steht wenige Wochen später die Überzeugung gegenüber, dass dem Kopfsatz «dasselbe Gerüst, der gleiche Grundbau» zugrunde liege, wie sie «bei Mozart und, nur erweitert und erhöht, bei Beethoven sich finden», er somit also jene «tiefe[n], ewige[n] Gesetze» weiterführe, an denen «Beethoven festhielt», darüber hinaus aber die «Mannigfaltigkeit und Komplikation innerhalb der Sätze eine größere» sei (NBL 2: 64). Gerade diese Dialektik von äußerer Wahrung des tradierten Formgerüsts und dessen in vieler Hinsicht extremer Ausweitung hat die Analyse von Mahlers Sinfonik bis heute geprägt, so vor allem Theodor W. Adornos Auffassung, dass im Kopfsatz die Sonatenform wirklich nur noch eine «dünne Hülle über dem inwendig ungebundenen Formverlauf» sei (Adorno 2019: 226). Zu bedenken ist allerdings die Tatsache, dass die heute gewohnten Abschnitte der Sonatenform (Exposition, Durchführung, Reprise, Coda) zu Mahlers Zeit nur teilweise der damals gängigen Terminologie entsprachen. Insbesondere gilt dies für die «Exposition», die bei Mahler von Anfang an eine äußerst ungewöhnliche Entwicklung nimmt. Beginnend mit dem von acht Hörnern unisono intonierten Hauptthema wird zwar eine klar konturierte Viertaktgruppe suggeriert, in weiterer Folge wird dessen Energetik allerdings eher durch die Tuttischläge des übrigen Orchesters als durch die zunehmend repetitive Motivabfolge aufrechterhalten, um schließlich – nach einer absteigenden Linie – letztlich mit einer Vorwegnahme des Beginns des 4. Satzes (Altsolo «O Mensch! Gib Acht!») zu verklingen. Sehr anschaulich hat Paul Bekker dies nur wenige Jahre nach Mahlers Tod beschrieben. Er spricht von einer «niederzwingende[n] Kraft» und von einem Versinken in «mystische[n] Baßharmonien» (Bekker 1921/2016: 114). Die Entwicklung des Themas von anfangs prägnanter und durchaus entwicklungsfähiger Faktur hin zu allmählichem Verebben und Konturverlust mag ein durchaus bedeutsamer Schlüssel zu einer Idee von Sinfonie als allmählicher Werdeprozess sein, dem jedoch Stadien des Scheiterns und der «Nicht-Entwicklung» ebenfalls immanent sind.

Wenn man sich die Gesamtanlage der 3. Sinfonie vor Augen führt, ist es unabdingbar, zunächst deren Ideengehalt zu untersuchen. Blieb in der 1. Sinfonie noch die tradierte Viersätzigkeit erhalten, so hat Mahler diese durch die Integration eines Liedes in der 2. Sinfonie zu fünf, und in der 3. Sinfonie durch ursprünglich drei vokal-instrumentale Sätze zu zunächst insgesamt sieben Sätzen gesteigert. Wohl erst im Sommer 1896 entschied sich Mahler, den ursprünglich geplanten Finalsatz (basierend auf dem *Wunderhorn*-Lied *Das himmlische Leben*) wegzulassen: Dieser wurde dann zum Schlusssatz seiner 4. Sinfonie. Mahler hat den Sätzen (in zahlreichen Abänderungen) programmatische Titel vorangestellt, die sich zwar noch in der Partitur-Reinschrift, nicht aber im 1902 erschienenen Erstdruck finden. Ohne an dieser Stelle auf die unterschiedlichen Lesarten der Satzüberschriften eingehen zu können, sind zwei Sachverhalte bedeutsam: 1.) Mahler hat den Kopfsatz als Letztes komponiert (datiert mit 17.10.1896). Der Satztitel lautet: «Einleitung: Pan erwacht / folgt sogleich / Nro. I Der Som̄er marschirt ein / ‹Bacchuszug› […]». 2.) Die übrigen fünf Sätze sind durchwegs als «Erzählungen» tituliert: «Was mir die Blumen auf der Wiese erzählen» / «Was mir die Thiere im Walde erzählen» / «Was mir der Mensch erzählt» / «Was mir die Engel erzählen» / «Was mir die Liebe erzählt». Von der Bedeutung des Erzählens, die sich in diesen Titeln manifestiert, bleibt aber auch der Kopfsatz nicht unberührt. Im Gegenteil scheint in diesem, mit einer Spieldauer von ca. 35 Minuten jegliche bis dahin realisierte Satzausdehnung sprengenden Einleitungssatz, geradezu beispielhaft die Abfolge kontrastierender Erzählmomente verwirklicht zu sein. Die vielfältigen und unterschiedlichen thematischen Charaktere werden dabei meist durch Marschelemente, bisweilen auch durch Pausen voneinander getrennt. Sie fungieren dabei teils als Ankündigung von etwas Neuem, teils aber auch als «Verklingen» und «Abtreten» einer musikalischen Formation, und unterstreichen damit die diesem Satz eigentümliche Ambivalenz von Entwicklungen und Werdeprozessen, und deren Gegenteil, dem Scheitern und Nichterfüllen einer Erwartungshaltung. Dass dem diese Sinfonie einleitenden «Weckruf» ein gänzlich anders gearteter Charakter, nämlich ein Trauermarsch (d-Moll) folgt, deutet sich bereits in dem vorangehenden, nur von der Großen Trommel ausgeführten Bindeglied (T. 25 f.) an. Es ist freilich ein Trauermarsch, der durchfurcht ist von Gesten des Sich-Aufbäumens, etwa in den Oktavsprüngen der Holzbläser (T. 30 f.), vor allem aber den in einem langen Großseptvorhalt kulminierenden aufsteigenden triolischen Fanfaren der Trompeten (T. 35 f. und 48), den «wild» auffahrenden Tiratafiguren der Streicher (T. 38, 45, 52 und 55), und dem *ff*-Einsatz der Hörner (T. 58 ff.), mit dem Mahler deutlich auf das spätere, den Trauermarsch überlagernde Posaunensolo (besonders ab T. 191) und den Beginn der Durchführung (T. 369 ff.) vorausweist. Aber auch dieser Trauermarsch endet ohne jegliche Zielerreichung, nämlich in einer nahezu drei Oktaven umspannenden Einsturzfigur der Holzbläser (T. 115 ff.), der wenige Takte später einmal mehr ein die Szenerie beendender Marschrhythmus der Großen Trommel folgt. In denkbar großem Kontrast dazu steht ein ab T. 132 mit hohen Holzbläsern und Tremoli der Violinen beginnender Abschnitt (B-Dur). Mit einem von der Oboe intonierten und wenig später von der Solovioline übernommenen reigenhaften Thema scheint zwar kurzfristig die Schwere und Bedeutungslast des Trauermarsches überwunden zu sein, allerdings wird auch hier eine weitläufige thematische Entwicklung durch harsche Interventionen der Klarinetten (T. 148: Des-Dur) unterbunden und endet einmal mehr in den Marschrhythmen der Großen Trommel. Dieser gesamte erste Abschnitt erweist sich somit als eine Kette des Scheiterns anvisierter Entwicklungen, somit auch als Antipode dessen, was von einem Sinfoniebeginn, genauer von einer vermeintlichen «Exposition» eines Sonatensatzes zu erwarten wäre. Wenn mit T. 164 (Z. 13) erneut der Trauermarschduktus (wie zuvor in d-Moll) aufgegriffen wird, vollzieht sich allerdings eine wesentlich andere, deutlich stärker auf Entwicklung ausgerichtete Disposition, indem der Marschrhythmus (*pp*) von einem im *ff* erklingenden, melodieführenden Solo der Posaune überlagert wird, das sich alsbald zu drängender, «wilder» Emphase steigert. Ähnlich wie bei der ersten Trauermarschphase sind es auch hier Triolenfanfaren der Trompeten sowie eine Zusammenbruchfigur der Violoncelli (T. 214 ff.), die dieser Entwicklung ein letztes Mal Einhalt gebieten. Nur wenig später folgt das erstmals in den T. 132 ff. erklungene «Wanderlied»: Es scheint einmal mehr dem geradezu zwingend scheinenden «Scheitern» anheimzufallen, diesmal allerdings in einer Art «Überblendung», die eine grundsätzlich neue, auf Entwicklung gerichtete Konzeption einleitet. Denn aus den «sich gänzlich verlierend[en]» Überresten des Wanderliedes emanzipiert sich deutlich ein marschhafter Duktus (Violoncelli, T. 245 ff.), dem im weiteren Verlauf durchaus bedeutsames Gewicht zukommt. Die Klippe des Scheiterns ist damit allerdings nicht bewältigt, immer wieder gerät das musikalische Geschehen an den Rand des Verstummens, erklingt wie «aus weiter Ferne». Wenn aber ab T. 279 erneut das Wanderlied «mit zartester Tongebung» in den Holzbläsern ansetzt, behauptet sich nun tatsächlich ein bruchloser Bewegungszug, der darüber hinaus auch eine stark integrierende Funktion hat. Er absorbiert nicht zuletzt (in immer neuen Varianten) den initialen Weckruf sowie einige Elemente des Trauermarschs (nunmehr allerdings in einem «schwungvollen, feurigen Marschtempo»: T. 315 ff., Z. 26), der zwingend in dem sich «mit höchster Kraft» entfaltenden Einsatz der acht in Oktaven geführten Hörner am Beginn der Durchführung (ab T. 369) kulminiert. Diesem massiven Energieschub kurz vor und mit dem Durchführungsbeginn steht ein Abschnitt des Innewerdens, ein «Arioso-Rezitativ der Posaune» (Maurer-Zenck 2011: 302) gegenüber (ab T. 424). Mahler hat dieses zwar mit der Bezeichnung «Sentimental» versehen, wohl kaum ist aber damit eine rührselige, ans Kitschige grenzende Gefühligkeit gemeint. Marschhaftes und in sich Ruhendes bedingen sich in einem Satz derartigen Ausmaßes mehr, als es zunächst den Anschein hat. Das häufig bezwingend Motorische dieses Kopfsatzes entspringt wesentlich diesem Wechselspiel von Entschleunigung, dem Rückzug auf das eigene Subjekt und dem Loslassen in eine oft kaum noch beherrschbare Triebkraft des Bewegens und Vorwärtsdrängens. Letzteres Moment setzt sich mit besonderem Nachdruck im 2. Durchführungsteil (b-Moll, ab T. 530) durch, einem sich über mehr als 100 Takte erstreckenden Marsch, oder besser gesagt: einer Auftürmung von Märschen, die zu den innovativsten Entwicklungen in Mahlers sinfonischem Schaffen zählt. Es ist eine Musik, die in hohem Maße irritiert: einerseits roh, ja ungehobelt und teilweise von verletzend scharfer Klanglichkeit, anderseits von einer suggestiven Sogkraft, der man sich kaum entziehen kann. Mahler greift zunächst jene Marschfigur auf, die kurzzeitig bereits in den T. 245 ff. erklungen ist, jenem Abschnitt der Exposition, der erstmals ein ungebrochenes Anwachsen der Bewegungsdynamik aufweist. Immer wieder finden sich Varianten des Weckrufs, überlagert von Marschelementen von schrillem, extrem scharfem Klangcharakter (so etwa in den T. 583 ff., wo vier *fortissimo* spielende Piccoloflöten in höchster Lage den «Weckruf» der Posaunen übertönen). Mahler, der diesen Teil im Partiturautograph mit «Gesindel» überschrieben hat, komponiert hier eine Entwicklung, die zunehmend grotesk-entstellende Züge annimmt. Seine Anweisung «Alle Streicher mit furchtbarer Gewalt» in T. 603 kann geradezu als gehaltliches Paradigma dieses Durchführungsteils interpretiert werden. Nichts, was hier geschieht, widerspricht dem Gestus des Marsches: dies allerdings in einem Extrem an simultan erklingenden Kontrasten, die wesentlich Mahlers zukunftsweisende Perspektive von Musik als einer Polyphonie unterschiedlicher Musiken untermauert. Die Marschepisode beendet Mahler in einer Weise, die an den 1. Teil der Exposition erinnert: Musik, die sich allmählich verliert und in die Marschrhythmen des Schlagwerks mündet, die zu einer neuen Klangszene überleiten.

Das Ende der Durchführung (T. 632 ff.) ist hierfür beispielhaft. «Einige kleine Trommeln in der Entfernung aufgestellt», dazu im Orchester Celli und Bässe, exekutieren auf verschiedene Weise und ohne Rücksicht aufeinander ihr jeweiliges Marschtempo: Sinfonisches Geschehen verklingt im vierfachen *piano*, gibt aber zugleich Raum für das folgende Tableau: die mit dem Weckruf der Hörner einsetzende Reprise (ab T. 643). Die Beschreibung der so komplexen Vorgänge in diesem Satz mögen an dieser Stelle enden, ohne allerdings zu suggerieren, dass die Reprise und die kurze Coda (T. 866–875) Formabschnitte ohne relevante Modifikationen gegenüber dem Vorangegangenen darstellen. Mit der Coda fügt Mahler diesem immens expansiven Satz noch einen vielleicht ironisch gemeinten, bombastisch inszenierten «Tusch» hinzu: eine letzte unerwartete Facette, und vielleicht – im übertragenen Sinne – ein Teil von Mahlers Polyphonie-Verständnis, das auch die Vielfalt und den extremen Kontrastreichtum der Marschcharaktere zu erklären vermag: «Bei der eigentlichen Polyphonie [...] laufen die Themen ganz selbständig nebeneinander her, vom eigenen Ursprung zu ihrem besonderen Ziele, möglichst gegensätzlich zueinander, daß man sie immer gesondert vernimmt.» (NBL 2: 117).

Nach dem sehr umfangreichen Kopfsatz, der die «Erste Abteilung» der 3. Sinfonie bildet, fasst Mahler die folgenden fünf Sätze zu einer «Zweiten Abteilung» zusammen: eine Maßnahme, die weniger den Werkproportionen entspricht, wohl aber den in den Satztiteln expliziten Erzählcharakter von dem fast durchgängigen Marschduktus des ersten Satzes abhebt. Und in der Tat schafft der Beginn des 2. Satzes («Tempo di Menuetto») einen denkbar großen Kontrast. Er beginnt zweistimmig, grazioso, in einem gemächlichen Tempo: ein Tanzsatz in A-Dur von unerwarteter Zurückhaltung und scheinbarer Naivität. Doch schon bei genauerem Blick werden gewisse Irritationen erkennbar. So durchbricht Mahler die für das Menuett charakteristische Periodizität und paarige Taktordnung, indem er das Thema auf 9 Takte ausweitet, im 2. Abschnitt (T. 19–36) sentimental wirkende Walzerseligkeit suggeriert (T. 28 ff.), und im 3. Teil zu einer stark repetitiven Rhythmik tendiert. Das 1. Trio im 3/8-Takt (fis-Moll, T. 50 ff.), deutlich belebter als das

Menuett, gerät vor allem im Schlussteil (T. 79–92, e-Moll, 9/8-Takt) in eine Turbulenz der immer massiver werdenden Sechzehntelbewegung der Bläser und Streicher, die jegliche Illusion eines verharmlosend und historisierenden Tanzsatzes nachdrücklich in Frage stellt. In nicht geringerem Maße trägt hierzu das «col legno»-Spiel («mit dem Bogen») der Streicher in den beiden Trioteilen (T. 50–92 und 144–216) bei, von Hector Berlioz treffend als Ausdrucksmittel beschrieben, bei dem sich «Fürchterliches mit Groteskem» vereinigt (Berlioz/Strauss 1905: 23), jedenfalls aber kaum die Erwartungshaltung eines Trios eingelöst wird. Darüber hinaus ist auffällig, dass der 2. Trioteil deutlich von zunächst 43 auf 59 Takte verlängert wird und sich entweder im 2/4-Takt bewegt oder zwischen 2/4- und 3/4-Takt wechselt. Mit dem anschließenden «Ganz plötzlich gemächlich» in E-Dur einsetzenden finalen Menuett (ab T. 217) entfernt sich Mahler am weitesten von dem zu Beginn des Satzes noch am ehesten greifbaren historischen Modell. Über weite Strecken herrschen Achteltriolen vor, die im ersten Menuett vor allem zu Beginn des Kontrastabschnitts (T. 20ff.) dominierend waren, bereits im zweiten Menuett aber deutlich häufiger in Erscheinung treten. Das Menuett entwickelt sich somit – wie auch das Trio – in seinen verschiedenen Varianten von Mal zu Mal weiter, entfernt sich dabei aber immer mehr von seinem Ausgangspunkt und lässt die historisierende Suggestion des Anfangs mehr und mehr in Vergessenheit geraten: ein Verlauf also, der im Grunde eher den Abschied vom Menuetthaften als dessen Einlösung repräsentiert und der auf den ersten Blick verharmlosenden Bezeichnung als «Blumenstück» eine durchaus hintergründig-kritische Dimension verleiht.

Der 3. Satz («Was mir die Thiere im Walde erzählen») greift in mancher Hinsicht Tendenzen des vorangegangenen auf. Gemeinsam ist ihnen ebenso die durchsichtige, geradezu kammermusikalische Faktur des Satzbeginns, wie auch die Tendenz zur «Reihung und Kombination verschiedener Abschnitte» (Maurer-Zenck 2011: 315). Wie so oft greift dabei Mahler auf ein Lied zurück, nämlich das bereits vor 1889 komponierte *Wunderhorn*-Lied *Ablösung im Sommer*, das vom Tod des Kuckucks spricht, der durch die Nachtigall «auf grünem Zweige» ersetzt wird. Mahlers Transformation des Liedes in einen Sinfoniesatz (und damit einer auf Differenzierung der motivisch-thematischen Substanz geleiteten Konzeption) zeigt sich bereits in der vielfarbigen und kurzgliedrig wechselnden Instrumentation: Allein im 1. Abschnitt (c-Moll, T. 1–33) wechselt diese nicht weniger als achtmal und gewinnt erst mit dem gleichnamigen Dur und der einsetzenden kontinuierlichen Sechzehntelbewegung ab T. 34 (im Lied jene Strophe, mit der erstmals die Nachtigall ins Spiel kommt) an Homogenität. Aber auch die Dynamikkontraste sind gegenüber dem Lied deutlich forciert. Der nach dem *pp*-Ende der finalen Liedstrophe im forte einsetzende Klavierepilog wird im Sinfoniesatz zu einem unerwartet herausplatzenden Ereignis, dort verschärft noch durch die klanglich scharf konturierten Triolenfiguren im *ff* (T. 65 ff.).

Unerwartete Kontrastsetzungen auf allen Ebenen des musikalischen Geschehens bestimmen somit weite Strecken dieses Satzes. Und sie setzen Kräfte frei, die nicht nur die formale Disposition des Satzes, der teils als fünfteilige Anlage (ABA'B'A"), teils als Sonatenrondo beschrieben wurde, sondern auch dessen zu einem wesentlichen Teil aus dem Lied abgeleitete Dramaturgie ins Wanken bringen. Ein hierfür bezeichnendes Beispiel findet sich in den zunehmend scharfen Übergängen zwischen Kuckuck- und Nachtigall-Strophe, ganz besonders ausgeprägt etwa ab T. 176: Zuvor kollabiert die Motivik der Kuckuckswelt in einem chromatischen Zusammenbruch des ins *fff* gesteigerten Tutti, von der auch die mit einem Wechsel von c-Moll nach C-Dur einhergehende Nachtigallenstrophe nicht unberührt bleibt. So sprengt Mahler mit einem Zitat aus dem *Wunderhorn*-Lied *Das irdische Leben* (Klar. ab T. 192), der Schreckensvision eines verhungernden Kindes, die scheinbar unbeschwerte und beglückende Aura der Nachtigallenwelt. Indem sich solche Zitate sowie die Strophen des *Wunderhorn*-Liedes bzw. deren konstitutive Merkmale mehr und mehr durchdringen und die markanten Dynamikkontraste nicht mehr den Strophenwechsel, sondern das Binnengeschehen innerhalb der einzelnen Strophen markieren, öffnet sich das Geschehen einer anderen musikalischen

Instanz, die ab T. 225 und deutlich ausgedehnter in den T. 248–255 mit Trompetensignalen angekündigt wird und zu einer anderen Ausdruckswelt überleitet: der «Posthornepisode» (ab T. 255).

Diese zählt ohne Zweifel zu den am meisten (und in besonderem Maße kontrovers) diskutierten Abschnitten in Mahlers Sinfonik. In der Tat besteht zwischen «Kitschverdacht» (Adorno 2019: 186) und dem «Inbegriff ungebrochener Naturschönheit, Stoff zum Verfertigen des ‹Anderen›» (Eggebrecht 1986: 197) ein weites, auf den ersten Blick kaum kommensurables Spektrum an Deutungsperspektiven. Als Musik, die «wie aus weiter Ferne» hereinklingt, die die vorangegangene Fanfare in das eigene Ausdrucksidiom integriert, entwickelt sich diese nur allmählich hin zu expressiver melodischer Gestalt. Im «Anklingen» und «Verklingen» schafft sie ein Gegenbild zur Welt des Vergänglichen und Ersetzbaren, die das Lied thematisiert. Sie suggeriert eine Aura der Verinnerlichung und des «Zur-Ruhe-Kommens», die aber selbst nur vorübergehend Bestand hat. Ähnlich Schuberts Lied *Die Post* aus dem Zyklus *Winterreise* vollzieht sich in ihr ein Spannungsfeld von (temporärer) Hoffnung und Desillusionierung. Letztere wird etwa im unvermittelten Übergang zur Liedstrophe (T. 310), und noch prononcierter in der «sich entfernend[en]» Schlusspassage der 1. Episode deutlich, die auf geradezu prosaische Weise durch das Signal «Abblasen» der Trompeten (T. 345 f.) und die anschließende «mit geheimnisvoller Hast» einsetzende Reprise die Vorläufigkeit der Episode ins Bewusstsein ruft. Denn abermals verliert sich das verinnerlichte Nachsinnen zugunsten einer Klanglichkeit, die jeglichen Schein von Schönheit abstreift und sich ins «Grobe» (so eine Ausdrucksanweisung in T. 432) wendet. In die abwärts geführten Dreitonfiguren der im *ff* spielenden Piccoloflöten fallen signalhaft drei Trompeten ein, gefolgt von dem chromatischen fallenden Duktus der Streicher. Weniger als Überleitung, sondern eher als Konfrontation prallen unterschiedliche Klangwelten aufeinander, die erst mit der wiederum aus der Ferne und «frei der Empfindung folgend» (T. 485) beginnenden 2. Posthornepisode aufgehoben werden. Jene andere, geradezu «exterritoriale» Aura des Posthorns wird diesmal allerdings vom «realen» Orchesterklang übernommen und weitergeführt. Wenn die in Terzen geführten, geteilten Violinen den liedhaften, an Liszts *Spanische Rhapsodie* erinnernden und «wie nachhorchend» auszuführenden Abschnitt der Posthornepisode aufgreifen, scheinen die zuvor scharfen Kontrastsetzungen zugunsten eines pointierten Lyrizismus überwunden. Und dies setzt sich auch in der anschließenden Amalgamierung des Posthorns mit den übrigen Hörnern (ab T. 509) fort. Mit ihrem Verklingen in einem zarten, rufartigen Signal der Hörner manifestiert sich aber auch das Ende dieser Illusion ungebrochener Schönheit. Denn das Orchestertutti opponiert radikal, türmt kurze, rasche Streicherfiguren und sich steigernde, vogelrufartige Signale der Bläser übereinander, die innerhalb weniger Takte in einem *ff*-Tuttiausbruch enden. Noch einmal erklingt ein Signal, diesmal nicht der «anderen» Welt des Posthorns, sondern der realen Präsenz des Orchesters (Hörner und Posaunen, ab T. 545), ehe der Satz in einer entfesselten Coda das extreme Gegenbild jener Welt des schönen Scheins der Posthornepisode hinwegfegt. Für Mahler war «schauerlicher panischer Humor, daß einen mehr das Entsetzen als das Lachen dabei überkommt» die Essenz dieses Satzes (NBL2: 136).

Die beiden folgenden, vokal-instrumentalen Sätze führen auf andere Weise die für das vorangegangene «Tierstück» charakteristische Dialektik von «Verinnerlichung und Ruhe» einerseits, kritisch reflektierter Liedhaftigkeit andererseits fort. Im 4. Satz («Sehr langsam. Misterioso») legt Mahler dem Altsolo einen Text aus Friedrich Nietzsches *Also sprach Zarathustra* zugrunde, ein «nächtliche[s] Traumbild» (Steinbeck 2010: 249), das aber bereits am Beginn Mahnung und Ungewissheit zum Ausdruck bringt («O Mensch! Gib Acht!»). Im Grunde ist dieser Satz Ausdruck eines allmählichen Prozesses der Bewusstwerdung. Die kurzen, mehrfach von langen Pausen unterbrochenen und lediglich auf zwei Wechseltöne reduzierten Figuren der tiefen Streicher, die bereits am Beginn des Kopfsatzes (dort in den Hörnern, T. 14 ff.) erklungen sind, dokumentieren dies ebenso wie der «geheimnisvolle Ausdruck» des Altsolos, lediglich beschränkt auf die Anrufung des Menschen. Es ist, als müsste das textlich-musikalische Geschehen selbst erst allmählich zu sich kommen. Und auch in weiterer Folge verzichtet Mahler auf jegliche melodische Entfaltung, komponiert statische, nur klangfarblich kontrastierende Terzschichtungen über einem Bordun der Kontrabässe und Wechseltonpulsationen in den Celli. Erst ab T. 24 formiert sich in den Hörnern ein in sich kreisendes, ebenfalls in Terzen geführtes Motiv der Hörner, gefolgt von «wie ein Naturlaut» aufsteigenden Terzen der Oboe und des Englischhorns (T. 33 ff., 44 f., 70 ff., 103 f., 133 ff.). Die Tiefe und Unfassbarkeit der Welt, die Nietzsche anspricht, das Erwachen aus dem Traum wird hier zu unmittelbarer musikalischer Wirklichkeit. Ein größer dimensionierter melodischer Bogen entfaltet sich erst im instrumentalen Interludium zwischen 1. und 2. Strophe (T. 57–81), wobei Letztere (in Abänderung von Nietzsches Text) erneut den Menschen und dessen Nachdenken über sein «In der Welt-Sein» ins Blickfeld rückt. Mit der Entfaltung des Melos öffnet sich dabei eine Dimension, die erst später auch durch das Wort konkretisiert wird. Denn die in den T. 57 ff. (Z. 5) einsetzende, aufsteigende Septolenfigur der Violinen (und wenige Takte später der Hörner) antizipiert die finale Aussage dieses Textes: «Doch alle Lust will Ewigkeit, will tiefe, tiefe Ewigkeit» (T. 119 ff., 125 ff.). Lust ist hier nicht Sinnenreiz, sie ist auch nicht auf das Verewigen des Gegenwärtigen reduzierbar, sondern eine Ahnung von etwas Zukünftigem, einer möglichen Verheißung, die sich allerdings erst im Finale vollziehen wird. Am Ende dieses Satzes kehrt Mahler indessen zu jenen Naturlauten und zu den Wechseltonmotiven der Einleitungstakte zurück. Die Ahnung von Ewigkeit bleibt hier noch unerfüllte Hoffnung. Vielmehr zieht sich das musikalische Geschehen zurück in jenen Urgrund, «aus dem die Warnung an den Menschen ertönt ist» (Haller 2012: 141).

Einen deutlichen Gegensatz zum «Mitternachtslied», und frei von jeder Bedeutungsschwere des Nietzsche-Textes, bildet der auf dem *Wunderhorn*-Gedicht *Armer Kinder Bettlerlied* basierende 5. Satz: ein fröhlich entspanntes Szenario, das von Glockenimitationen des Knabenchors geprägt ist. Der Text greift dabei zunächst auf das Abendmahlsgeschehen zurück, konkret einen Dialog zwischen Jesus und dem weinenden Petrus, der die Zehn Gebote übertreten hat und um Gnade bittet. Das Altsolo, das hier die Stimme des Petrus übernimmt, mündet dabei dreimal in einen Refrain, der eine direkte Verbindung zum Finalsatz der 4. Sinfonie (der ursprünglich als 7. Satz der *Dritten* geplant war) schafft. Sündhaftigkeit, Bitte um Erbarmen und schließlich die Erlösung durch «Jesum und Allen zur Seligkeit» sind die inhaltlichen Pfeiler des Refrains, der auch in der *Vierten* dreimal erklingt, dort allerdings abseits aller menschlichen Fehlbarkeit ein ungetrübtes Bild himmlischen Daseins reflektiert.

Zum Finalsatz siehe den Einleitungsteil, Kap. Affirmation und ersterbendes Ende: Klimax und Krise der «Finalsinfonie».

Humoreske und Unheimlichkeit: die 4. Sinfonie

Besetzung: Sopransolo, 4 Fl. (3. und 4. auch Picc.), 3 Ob. (3. auch Eh.), 3 Klar. (2. auch Es-Klar., 3. auch Bassklar.), 3 Fag. (3. auch Kontrafag.), 4 Hr., 3 Trp., Hf., Pk., Schlagwerk (Schelle, Gr. Tr., Becken, Trgl., Glsp., Tam-tam), Streicher.
Entstehungszeit: 1899 bis 5.8.1900.
Erstaufführung: 25.11.1901, München.
Erstdruck: Wien (Doblinger) 1902.
Kritische Gesamtausgabe: Mahler GA 4, 1963; korrigierte Ausgabe: 1995.

Die 4. Sinfonie, 1899 und 1900 entstanden, greift im Finale – wie bereits erwähnt – auf das 1892 komponierte *Wunderhorn*-Lied *Das himmlische Leben* zurück. Zwischen beiden sinfonischen Werken liegen drei Jahre, eine für Mahler durchaus lange Phase, die fraglos verschiedene Ursachen hat. Zum einen wohl den Beginn seiner Tätigkeit an der Wiener Hofoper (zunächst als Kapellmeister seit April 1897, wenige Wochen später als stellvertretender Direktor und seit Oktober als Direktor). Zum anderen aber auch die Schwierigkeit, nach der geradezu hypertrophen Dimensionierung der *Dritten* eine Konzeption zu entwerfen, die zwar schlüssig an das Vorgängerwerk anknüpft, sich aber andererseits hinreichend davon abhebt. Bemerkenswert ist zunächst die Reduktion der Ausdehnung dieses Werkes, das mit einer Spieldauer von ca. 55 bis 60 Minuten zu den kürzesten aller Mahler-Sinfonien zählt. Auch die Orchesterbesetzung ist gegenüber den Vorgängern deutlich reduziert und häufig in einem kammermusikalischen Duktus gehalten. Des Weiteren ist es die anders geartete inhaltliche Ausrichtung: sie entbehrt der Entwicklung hin zu metaphysischer Erhabenheit. Und schließlich muss man Mahlers eigene Auffassung, der zufolge er zunächst eine «symphonische Humoreske» komponieren wollte, die aber zum «normale[n] Maß einer Symphonie» angewachsen sei (NBL 2: 162), berücksichtigen. Die massivste Abweichung sowohl im Hinblick auf die Gattungstradition der Sinfonie als auch ganz besonders innerhalb von Mahlers sinfonischer Entwicklung ist freilich die Platzierung des «morendo» verklingenden *Wunderhorn*-Liedes *Das himmlische Leben* als Finalsatz. In seiner ursprünglichen sechssätzigen Konzeption, die noch aus der Zeit vor Abschluss seiner *Dritten* (1896) datiert, plante Mahler, sogar zwei weitere Lieder aus dieser Sammlung zu verwenden, nämlich *Das irdische Leben* und *Es sungen drei Engel*. Die solcherart disponierte Humoreske bildet allerdings eher einen Ausgangspunkt für die kompositorische Arbeit. Mahlers Vorstellungen waren dabei wesentlich durch Jean Paul beeinflusst, dessen Einfluss auf die Konzeption einer musikalischen Humoreske nicht hoch genug eingeschätzt werden kann. Zunächst war es vor allem Robert Schumann, für den «Humor auch mit kompositorischen Mitteln zum Ausdruck gebracht werden» konnte: «Disparate Fügungen, unvermittelte Ausbrüche, hartnäckige Wiederholungen leerer Spielfiguren, […] Deformationen der Phrasen- und Periodenstruktur» bilden dabei nur einige wenige der denkbaren Möglichkeiten, Humor auf rein musikalischer Basis zu verwirklichen (Appel 1996: 455). Eines der Merkmale ist aber auch die tonale Gestaltung am Beginn des ersten und zweiten Satzes. So widersetzt sich die h-Moll-Einleitung des Kopfsatzes (Schellenkappenmotiv) in den ersten drei Takten, ebenso wie später in den T. 72 ff., konsequent der Tonika G-Dur, die erst mit dem Hauptthema (T. 4) zur Geltung kommt. Am Ende der Exposition (ab T. 72) greift Mahler diesen Einleitungskomplex nochmals auf, allerdings nicht in der initialen Form, sondern eher in einer dem Geschehen in den T. 18 ff. folgenden Variante. Es ist dabei bezeichnend, dass dort, wo sich die Tonika am stärksten profiliert, weniger Bekräftigung als vielmehr ihr Verklingen zum Tragen kommt. Dies trifft vor allem für die T. 91 ff. zu, einem auf dem Orgelpunkt G der Kontrabässe basierenden Klangfeld, von jodlerartigen Motiven überlagert, die sich im «morendo» verlieren. Vorläufigkeit scheint ein Wesenszug dieses Satzes zu sein. Dies zeigt sich in aller Deutlichkeit im von den Violoncelli «espressivo» und «breit gesungenen» Thema des Seitensatzes (T. 38 ff.). Immer wieder setzt dieses an, verspricht Emphase und Steigerung, vermag sich auch für kurze Zeit zu einem Höhepunkt «schwungvoll» zu formieren (T. 52 ff.), um wenige Takte später jegliche Energie der Weiterführung zu verlieren. Stattdessen schlägt das musikalische Geschehen ins krasse Gegenteil um: einen dynamisch stark zurückgenommenen zweistimmigen Satz der Holzbläser (ab T. 58), dessen versuchte Steigerung in sich zusammenbricht (T. 66) und sich schließlich in kurzen repetierten Figuren verliert.

Wenn der in T. 102 beginnende Durchführungsteil wiederum mit dem Schellenmotiv einsetzt, gewinnt einmal mehr die h-Moll-Sphäre Gewicht. Und dies umso mehr, als das die Tonika bekräftigende Hauptthema fehlt. Mahlers höchst originelles Konzept einer wiederholten Rückkehr zu thematisch und/oder tonal vertrauten Regionen, die dann in unerwarteter, ja häufig verblüffender Weise weitergeführt werden, zeigt sich besonders deutlich am Schluss der Durchführung. Mahler greift hier (T. 234 ff.) emphatisch den Kopf des Hauptthemas auf, der allerdings nach wenigen Tönen sistiert und im *ppp* versiegt. Die eigentliche Reprise erfolgt erst mit T. 239. Mahlers Hinweis «Wie zu Anfang» kann sich dabei ausschließlich auf die tonale Ebene beziehen. Denn thematisch setzt diese mit dem Ende des Vordersatzes (T. 239 f. entspricht T. 6 f.) ein, stellt also eine grundsätzlich neue thematische Variante dar. Mahlers Strategie, ein zyklisches, von immer neuen Ausformungen vertrauter Themen geprägtes formales Konzept mit einem hohen Maß an Irritationen, die jegliche Erwartungshaltung konterkarieren, zu verbinden, wird dabei besonders in der Fülle von Bezugsfeldern zum Finalsatz (*Das himmlische Leben*) deutlich. Zahlreiche von dessen motivisch-thematischen Segmenten werden in den vorangegangenen Sätzen bereits vorweggenommen: ein Verfahren, das weit über die zyklische Einheit hinausgeht, die ansonsten für die Sinfonik des 19. Jahrhunderts charakteristisch ist. In hohem Maße trifft dies für das Schellenkappenmotiv am Beginn des Kopfsatzes zu, das später als eines der zentralen Mittel der Strophengliederung des finalen Liedsatzes fungiert (dort T. 40ff., T. 76ff., T. 115ff.). Im Kopfsatz wie auch im Finale bewegt sich das tonale Spannungsfeld im Wesentlichen zwischen G-Dur und der Parallele e-Moll. Es fehlt dort allerdings noch die für die Schlussstrophe des Liedfinales signifikante Dur-Aufhellung (E-Dur ab T. 122), mit der die Rolle der Musik im himmlischen Dasein angesprochen wird («Keine Musik ist ja nicht auf Erden, die uns'rer verglichen kann werden»). Doch auch diese finale Tonart wird an entscheidender Stelle im 3. Satz vorweggenommen. Geradezu ruckartig, eingeleitet mit einer aufsteigenden großen Sext der Flöten und hohen Streicher, der hier voll und ganz die traditionelle rhetorische Bedeutung einer «exclamatio» (eines emphatischen Ausrufs) zukommt, bricht sich nach einer «Luftpause» – völlig unerwartet – ein strahlender Tuttiausbruch in E-Dur und im *fff* Bahn (ab T. 315), der wenige Takte später in den Trompeten ein zweites Mal ansetzt. Die große Sext ist auch das Eingangsintervall am Beginn des Finales und des Liedbeginns. Und auch in anderer Weise greift Mahler variiert auf den melodischen Duktus des Finalbeginns voraus, so etwa in den Hörnern (3. Satz, T. 320ff.) auf den Liedabschnitt «Wir genießen die himmlischen Freuden», T. 12ff. Der 3. Satz bildet somit eine entscheidende Brücke innerhalb einer kontinuierlichen Entwicklung zu einer Vision himmlischen Daseins, in der alles «weltliche Getümmel» überwunden ist und alles «in sanftester Ruhe lebt», die aber auch wesentlich von irdischen Freuden geprägt ist.

Bezüglich des 2. Satzes meinte Mahler, dass er der einzige sei, «der in dieser Art an Früheres von ihm – an das Scherzo der Zweiten – erinnere und Neues in alter Form bringe» (NBL 2:

163). Mahler zielte damit offensichtlich auf die explizit kammermusikalische Faktur des Scherzos der *Vierten*, die im Falle der *Zweiten* zwar in den auf dem Lied *Des Antonius von Padua Fischpredigt* basierenden Scherzo-Abschnitten, weniger aber in den Trioteilen verwirklicht ist. Sein Ziel war demgegenüber offensichtlich die gespenstische «Darbietung einer durchgehend ins Groteske und Grimassenhafte verzerrten Musik, das wirre Durcheinander schriller, irrer, trivialer Spielfiguren» (Steinbeck 2010: 262), die allerdings in eine klar übersichtlich disponierte Anlage von Scherzo und zwei Trioteilen mit abschließender Coda implementiert sind. Auffallend ist auch hier Mahlers Tendenz der Variantenbildung. So wird etwa die (im Wesentlichen auf die Töne d und es reduzierte) Einleitungsfigur der Hörner bei ihrer Wiederkehr in den Oboen (T. 23 ff.) nicht wiederholt, sondern es folgt ein Segment aus dem Hauptthema (T. 25 entsprechend T. 9, Solovioline). Damit werden Thema und dessen Kontrapunkt austausch- und beliebig kombinierbar. Dies wiederum schließt eine streng periodische, in sich geschlossene thematische Konstruktion aus. Stattdessen müssen Themen in hohem Maße offen für den individuellen Austausch unterschiedlicher Bauelemente sein, während allerdings die rhythmisch-metrische Dimension weitgehend homogen bleibt. Ein weiteres Merkmal von Mahlers äußerst differenzierter Variantentechnik zeigt sich in der metrischen Versetzung des Schellenmotivs mit anschließender Trillerfigur (T. 3 f.), die im zweiten Scherzo um einen Achtelwert vorversetzt wird und infolge dessen die Trillerfigur zwar dynamisch forciert, aber auf metrisch schwacher Position erklingt (ab T. 185): ein Verfahren, das in mancher Hinsicht auf Strawinsky vorausweist.

Mahler beabsichtigt an solchen Stellen offenkundig nicht so sehr eine Rückkehr zur Eleganz klassischer Phrasenstruktur, sondern eher Verfremdung und Montage, wie sie später neoklassizistischen Tendenzen eigen ist. Verfremdung findet sich aber auch hinsichtlich der Verwendung der Solovioline. Denn Mahler fordert in der Partitur, dass die Ausführung dieses Parts durch zwei Violinen, nämlich ein um einen Ganzton höher und ein normal gestimmtes Instrument erfolgt. Zusammen mit der

Anweisung «Wie eine Fidel» beim ersten Einsatz der Solovioline (T. 7) zielt deren Verwendung nicht auf jene intim-bedeutungsvolle Dimension, die ihr etwa Richard Strauss zuweist (Berlioz/Strauss 1905: 65), sondern eher als Beschwörung skurril abgründiger Straßenkultur: «Mystisch, verworren und unheimlich, daß [...] dabei die Haare zu Berge stehen werden», so Mahler gegenüber Bauer-Lechner (NBL 2: 163).

Dem bereits erwähnten 3. Satz, von der Anlage her eine Doppelvariation, ist jede Art von Groteske und Skurrilität fremd. Nach den beiden eher zur Kurzgliedrigkeit tendierenden vorangegangenen Sätzen, entfaltet sich nun Großräumigkeit und breite melodische Entfaltung. Alles auch nur vom Anschein banal Wirkende ist hier abgestreift und macht sowohl die Distanz zu ironischer Verzerrung als auch zur kindlich-naiv scheinenden Ausdruckswelt des Finalsatzes deutlich. Auch dieser Satz hat über weite Strecken kammermusikalische Faktur. Zunächst «Ruhevoll» in sich gekehrt (G-Dur), entfaltet sich ab T. 62 ein zweites Thema (ein zunächst klagender Gestus der Oboe), das aber ebenso unabgeschlossen bleibt wie der folgende, von den 1. Violinen gespielte Themenansatz. Immer wieder führen dieses Thema und seine Varianten zu emphatischen Steigerungswellen, deren Höhepunkte zugleich ihren Zusammenbruch einleiten, nachdrücklich etwa in den chromatisch fallenden Passagen der T. 89ff. (Oboen und Trompeten) bzw. 210ff. (Hörner). Die mit jedem neuen Themenansatz vermittelte vollendete Klangschönheit ist in hohem Maße labil: Der Gestus, der breit ausladende Entwicklungen verspricht, ist häufig erstaunlich kurzlebig, bis hin zum fast völligen Verklingen in den T. 214–221. Dies ist umso bemerkenswerter, als sich einerseits mit T. 192 die tonale Entwicklung nach cis-Moll, der Mollparallele der späteren Tonart des Finalsatzes, wendet, andererseits sich für kurze Zeit eine den bislang dominierenden ruhigen Verlauf durchbrechende, drängend-leidenschaftliche Entwicklung bemerkbar macht. Diese lässt sich zwar als Variation des Hauptthemas beschreiben, nimmt aber aus mehreren Gründen einen völlig neuartigen, ja scharf kontrastierenden Charakter an, und zwar vor allem durch abrupte Tempo- und Taktwechsel (ab

T. 222). Diese gewinnen mit dem «Allegro subito»-Abschnitt ab T. 263 eine alles mitreißende Intensität, die allerdings ebenso unerwartet in das anfängliche, deutlich langsamere Tempo umschlägt (Andante subito, T. 283). Der Satz ist nicht nur Variation im traditionellen Verständnis. Er ist mindestens so sehr eine Variation der Bewegungsarten, die mehr und mehr zugespitzt wird. In den T. 303 ff. kommt das Geschehen allmählich zum Stillstand. Und die bislang vorherrschende Kausalität erwartungsvoll gesteigerter, aber so gut wie nie eingelöster Spannungsverläufe öffnet sich in einer Ruptur unerhörten Ausmaßes in jene Klangwelt, die das himmlische Leben verheißt, nämlich in der Tonart E-Dur, in einer rauschenden, arpeggierenden Klangfläche im dreifachen *forte* und getragen von jenen Motiven, die in weiterer Folge den Beginn des Finalsatzes bestimmen (ab T. 315). Trotzdem aber ist dieser E-Dur-Ausbruch Vision und noch nicht Erfüllung. Denn noch einmal zieht sich das musikalische Geschehen ins leiseste dynamische Register zurück und endet in höchster Lage entrückt, «gänzlich ersterbend», in einem dominantischen D-Dur-Dreiklang, den Mahler als «sphärisch» und von «fast kirchlich-katholische[r] Stimmung» beschrieben hat (NBL 2: 163).

«Seelenvoller Klang» und «kontrapunktische Kunst»: die 5. Sinfonie

Besetzung: 4 Fl. (alle auch Picc.), 3 Ob. (3. auch Eh.), 3 Klar. in B, A, C (2. auch Klar. in D, 3. auch Bassklar.), 2 Fag., Kontrafag. (auch 3. Fag.), 6 Hr., 4 Trp., 3 Pos., Basstuba, Hf., Pk., Schlagwerk (Kl. und Gr. Tr., Becken, Trgl., Glsp., Tam-tam, Holzklapper), Streicher.
Entstehungszeit: Sommer 1901–1903.
Erstaufführung: 18.10.1904 in Köln.
Erstdruck: Leipzig (C. F. Peters) 1904, rev. Ausgabe: C. F. Peters 1913.
Neue Kritische Gesamtausgabe: Mahler NGA, Bd. V, Frankfurt a. M. 2002 (C. F. Peters).

Mahlers erwähnte Auffassung seiner ersten vier Sinfonien als «in sich geschlossene Tetralogie» hat in nicht geringem Maße zu der problematischen Auffassung geführt, dass mit seiner 5. Sinfonie eine grundsätzlich neue Phase seines sinfonischen Schaffens beginne, deren wesentliches Merkmal der Verzicht auf die Verwendung der Singstimme sei. Tatsächlich aber knüpft Mahler in mehrfacher Hinsicht an sein früheres Schaffen an. Besonders auffällig ist etwa die Beziehung des Trompetensolos am Beginn des Kopfsatzes seiner *Fünften* mit einem fanfarenhaften Segment im 1. Satz seiner *Vierten* (dort ab T. 224). Und auch der für seine früheren Sinfonien signifikante Rekurs auf das Volksliedidiom findet in der *Fünften* Niederschlag, wobei besonders eine an Thomas Koschats Liederspiel *Am Wörthersee* angelehnte Passage im Scherzo (T. 136–145) zu erwähnen ist, auf die Mahler selbst hingewiesen hat (NBL 2: 193; Barham 2018: 366–379).

Generell ist für die Entstehungszeit der *Fünften* (hier vor allem die Sommermonate 1901 und 1902) die Berücksichtigung seines Liedschaffens in dieser Zeit von Bedeutung. Mahlers letztes *Wunderhorn*-Lied *Der Tamboursg'sell* (im Juli oder Anfang August 1901 komponiert) zeigt dabei in besonderer Weise die Affinität zwischen den beiden für sein Schaffen zentralen Gattungen Lied und Sinfonie. So erinnert sich Bauer-Lechner über den Einfall zum *Tamboursg'sell* sowie über Mahlers Erkenntnis, dass dies «kein Symphonie-Thema» sei, «auf das er aus gewesen war –, sondern ein Lied!» (NBL 2: 192 f.). Und auch zu den *Kindertotenliedern* und zum Rückert-Lied *Ich bin der Welt abhanden gekommen* bestehen latente Bezugsfelder, die aber weniger im Sinne von Zitaten, sondern eher als ein beiden Gattungen gemeinsamer stilistischer Fundus verstanden werden sollten. Hervorzuheben ist schließlich Mahlers Neigung zu kontrapunktischen Texturen, wie sie exemplarisch im Scherzo oder in den Fugato-Partien des Rondo-Finales (dort etwa ab T. 56, Z. 2) zum Vorschein kommen. Bauer-Lechner erwähnt dessen intensive Auseinandersetzung mit der Musik Bachs in den Sommermonaten 1901. «Unsagbar ist, was ich von Bach immer mehr lerne [...], denn meine Art zu arbeiten ist Bachisch.» (NBL 2: 189).

Mahlers *Fünfte* beginnt mit einem «nach Art der Militärfanfaren» von der 1. Trompete eingeleiteten Trauermarsch in cis-Moll. Dieser Fanfare, die im Gesamtverlauf des Satzes sechsmal aufscheint (zweimal von der 3. Trompete, einmal von den Pauken gespielt), kommt zwar eine formgliedernde Funktion zu, bedeutsamer aber noch ist sie als Träger und Initiator einer explizit erzählenden Anlage dieses Kopfsatzes. Auffällig ist zunächst, dass die Fanfare kein einziges Mal in identischer Weise wiederkehrt, sondern selbst in zunehmendem Maße zum Objekt der Erzählung wird: einer Erzählung wohlbemerkt, die zu keiner Lösungsperspektive führt (wie dies auch in den früheren Sinfonien der Fall war). Dieses Scheitern der Fanfare (und dessen, was sie ankündigt) offenbart sich bereits in den ersten Takten: denn ihr Ziel, ein Orchestertutti (*ff*, T. 13) in A-Dur, erweist sich als pure Illusion: Nach wenigen Takten wendet sich das musikalische Geschehen nach gis-Moll, mündet in einen chromatischen Abstieg der Streicher, der zwar eine Kadenz andeutet, diese aber in keiner Weise erfüllt: Vielmehr sistiert das Geschehen in gis-Moll, aus dem sich ein klagendes Thema der Streicher (cis-Moll) herauslöst. Noch massiver wird die Vergeblichkeit der Fanfare in den T. 153 f.: Im *pp* verklingend folgt ihr bereits nach zwei Takten der abrupte Einbruch einer gänzlich anders gearteten Klangwelt, nämlich eines leidenschaftlich-wilden B-Teils (ab T. 155). Und wenn die Fanfare in den T. 181 ff. erneut, diesmal im *ff* mit dem repetierten c über dem es-Moll der Hörner und Celli anhebt, so verliert sie weitgehend ihren initialen Charakter und unterstützt eher die ungestüm vorwärtstreibende Entwicklung. Generell tendiert das musikalische Geschehen mehr und mehr zu dynamischer Höhepunktbildung in Verbindung mit fallender Chromatik, die der Energie der sich «kreischend» widersetzenden Streicherfiguren (vgl. Hansen 2015: 115) Einhalt gebietet und Raum für eine weitere, nunmehr deutlich ausgeweitete Fanfare öffnet (ab T. 233). Dieser kommt zwar durch das darauf folgende Hauptthema (ab T. 263) eine latente Reprisenfunktion (wenn auch nicht in tonaler Hinsicht) zu. Dem entgegen wirkt allerdings die neuartige und der erzählenden Gesamtanlage des Satzes entsprechende Kontextualisierung der thematischen Ereignisse. So wird der Fanfare ein bedrohlich wirkendes Tremolofeld der Streicher unterlegt (T. 235 ff.). Obwohl der Trauermarsch nahezu durchgängig Veränderungen aufweist, entspricht seine dreiteilige Anlage dem ursprünglichen A-Teil, während der leidenschaftlich-erregte B-Teil (ab T. 323) massive Modifikationen erfährt. Es mag dabei nicht zufällig sein, dass sich dies in der unmittelbar vorangehenden «Fanfare» ankündigt. War bislang stets (der Signalfunktion entsprechend) die Trompete Träger der Fanfare, so wird sie nunmehr (ein einziges Mal in den T. 317–322) von der Pauke im *piano* ausgeführt. Auffällig ist zunächst die tonale Ausweichung zur Untermediante a-Moll (ab T. 323), mehr aber noch die Tatsache, dass der nunmehr erneut aufgegriffene B-Teil sich in fundamentaler Weise von seiner früheren Erscheinungsform unterscheidet. Mahler antizipiert hier ansatzweise den Seitensatz des 2. Satzes, dort ab T. 74: «Bedeutend langsamer *(im Tempo des ersten Satzes ‹Trauermarsch›)*», was nach dessen «Stürmisch bewegt[em]. Mit größter Vehemenz» beginnenden Anfangsteil einen massiven Kontrast darstellt. Und dies umso mehr, als das von den Violoncelli «molto cantando» auszuführende Seitensatzthema sowie die übrigen Ausdrucksanweisungen («espressivo», «zart») eine Insel der Ruhe und Verinnerlichung suggerieren, die im Kopfsatz nicht einmal ansatzweise gegeben ist. Denn dort steigert sich das Tempo nach nur wenigen Takten, wird die Bewegung «drängend», unterstützt durch die für das Hauptthema des B-Teiles signifikante synkopische Begleitung. All dies führt in einer klanglichen Eruption zur Klimax, aber auch zum Zusammenbruch des Satzes, einem mit «Klagend» überschriebenen, chromatisch fallenden *fff*-Tutti (T. 369, Z. 18), aus dem sich – ähnlich wie in den T. 233 ff. – ein letztes Mal noch die Trompetenfanfare löst. In den Schlusstakten vermag sich selbst der Trauermarschduktus nur noch ansatzweise zu behaupten, und die Fanfare wird reduziert auf die initiale viertönige Figur, der voneinander isolierte, aufsteigende Dreiklangsbrechungen (T. 407 ff.) folgen: Im Subjekt der Erzählung, dem Trauermarsch, verliert sich die zuvor so dominante Bindung als das vorherrschend Gegenwärtige: Er selbst wird zur sich verflüchtigenden Erinnerung.

Mahler plante seine 5. Sinfonie ursprünglich weder als fünfsätzig, noch hat er sie in drei Abteilungen gegliedert. Gegenüber Bauer-Lechner bekannte er noch im Juli 1901, dass er an einer «regelrechte[n] Symphonie in vier Sätzen, deren jeder für sich besteht und abgeschlossen» sei, arbeite, und diese «nur in der verwandten Stimmung verbunden» seien (NBL 2: 193). Die Sätze der 1. Abteilung, der «Trauermarsch» und der «stürmisch bewegte» 2. Satz, lassen sich schon hinsichtlich ihrer Expansion nur schwerlich mit der Gattungstradition in Einklang bringen. Mahler selbst äußerte in einem Brief vom 23. Juli 1904 gegenüber dem Verlag Peters, dass der «gewöhnliche 1. Satz an 2. Stelle» komme, um wenig später noch zu präzisieren. «Der Hauptsatz (Nro 2) ist in A-moll – das Andante (Nro. 1) ist in Cis-moll» (GMB 1996: 316). Wie auch immer: Die Relation beider Sätze findet nicht nur in ihren jeweils markanten Tempokontrasten Niederschlag, sondern artikuliert sich auch – schärfer noch im 2. Satz – in den äußerst gegensätzlichen Ausdruckswelten von Haupt- und Seitensatz. Fraglos legt zwar der bereits erwähnte Bezug des Seitensatzes zum Kopfsatz eine deutliche motivisch-thematische Integration innerhalb der «1. Abtheilung» dieser Sinfonie nahe. Doch dem stehen auch markant unterschiedliche Merkmale gegenüber: Im besonderen Maße trifft dies für das Ende der Reprise des 2. Satzes zu (ab T. 447, Z. 26), bei der emphatisch aufsteigende Dezim- und Nonsprünge in eine unvermittelt von es- nach e-Moll (wenig später D-Dur) führende, choralartige Apotheose führen (ab T. 464, Z. 27). Dass damit allerdings in keiner Weise das «Schlusswort» dieses Satzes gesprochen wird, macht Mahler in den letzten Takten dieses Satzes mehr als deutlich: denn dort bleiben über einem subtil differenzierten Klangfeld, das in mancher Hinsicht Schönbergs Idee einer «Klangfarbenmelodie» antizipiert, lediglich die Nonsprünge übrig, nunmehr allerdings jeglicher Emphase entkleidet: isolierte Partikel als Träger eines Versprechens, das nicht eingelöst wird, ja nicht einmal den Anschein einer Erfüllung verheißt, sondern – im Gegenteil – «morendo» verklingt. Die Bedeutung, die diesen weiten Intervallsprüngen seit dem Satzbeginn innewohnt, entspricht in mancher Hinsicht jener der Fanfare im Kopfsatz: Beide werden zu Trägern einer narrativen

Anlage. Der Weg von den ersten emphatischen, eine verminderte Dezime umspannenden Sprüngen (T. 7–9), die Bekker als aufpeitschendes Schmerzmotiv beschrieben hat (Bekker 1921/2016: 182), über die Nonsprünge der Hörner in den T. 32 ff., die die aufsteigenden Kleinsekundschritte am Beginn des Hauptthemas (Violinen) wie einen Aufschrei überhöhen, die isolierten rufartigen Motive im Seitensatz (f-Moll, ab T. 74): Sie sind wesentlicher Träger einer von eruptiven Exaltationen durchzogenen Satzdramaturgie, die den mehrfachen Steigerungswellen, die schließlich in der von Mahler als «Höhepunkt» (T. 500) überschriebenen Klimax münden, entschiedenen Widerstand leisten. Nach dem endgültigen Scheitern des Choraldurchbruchs (ab T. 507) ist es das diesen Satz beginnende, in sich kreisende Streichermotiv zusammen mit den nun «wild» dreinfahrenden «Schreien» der 1. Violinen, die sich am Beginn des folgenden «Pesante»-Abschnittes (T. 526 ff.) in bislang unerhörter Weise verdichten. Theodor W. Adorno hat die narrative Dimension dieses Satzes in Frage gestellt: «Der Satz kennt, bei aller Dynamik, aller Plastik im Einzelnen, keine Geschichte, kein Wohin, eigentlich keine emphatische Zeit.» (Adorno 2019: 159). In der Tat: die diesem Satz eigentümliche Erzählung ist die des Vergeblichen, des Scheiterns, das sich nicht zuletzt in mehreren, zum Teil massiven Zusammenbrüchen der aufgestauten musikalischen Energie artikuliert (etwa T. 68 ff., 141 ff., 177 ff., 422 ff., 522 ff.). Es ist eine Erzählung, die in dieser «1. Abteilung» der Sinfonie kein Ziel erreicht, vielmehr in ungeheurer Intensität die von Adorno genannte «Antithese von Weltlauf und Durchbruch» aufspannt: ein Konflikt, dessen inhärente Dramatik erst die folgenden Sätze zu einer Klärung führen. Die Erzählung des 2. Satzes ist damit keineswegs obsolet. Ihr Thema ist der Konflikt und die Fragwürdigkeit jeglicher beschönigenden Perspektive. Darin liegt ihre innere Spannung, aber auch ihr Offenbleiben für die Erzählung der beiden folgenden Abteilungen.

Mahler hat die Komposition seiner *Fünften* mit der 2. Abteilung (dem 3. Satz, «Scherzo») begonnen, die allein aufgrund ihrer Spieldauer (ca. 17 Minuten in den von Mahler dirigierten Aufführungen) und des Umfangs von 819 Takten eine zentrale

Position innerhalb des Werkganzen einnimmt. Nicht weniger bemerkenswert ist allerdings die formale Anlage, die jene für das Scherzo typische Abfolge von Hauptsatz- und Trioteilen mit der Idee der Sonatenform amalgamiert: Adorno hat dieses Novum treffend als «Durchführungsscherzo» beschrieben (Adorno 2019: 250). Ein weiteres Merkmal dieses D-Dur-Satzes ist die über weite Strecken kontrapunktische Faktur, die besonders in der Coda (ab T. 764) ungemein komplex gestaltet ist. Der Beginn des Scherzosatzes, ein solistischer, «stark» auszuführender Ruf von vier Hörnern, wird nach zwei Takten vom «Corno obbligato» weitergeführt und bildet ein semantisches Grundmodell dieses Satzes, das im weiteren Verlauf unterschiedliche Ausprägungen annimmt und somit nicht auf einen bestimmten intervallischen Charakter zu reduzieren ist. Vielmehr ist es die Konstellation von Ruf und Antwort, die – zum Teil hochdramatisch zugespitzt – die Geschichte dieses Satzes erzählt. Zu Beginn leitet dieser Ruf einen «rather contrapuntal rustic dance» (Johnson 2009: 56) unbeschwerten Charakters ein, duettiert wenig später «keck» (T. 16) mit der 1. Violine und wird mehr und mehr selbst Teil des bisweilen kammermusikalisch-transparenten, zum Teil vom Orchestertutti bestimmten Tanzszenarios. Richard Specht hat dabei bereits in seinem 1913 erschienenen Mahler-Buch auf die Beziehung des Scherzobeginns zu Goethes Gedicht «An Schwager Kronos» verwiesen: «Töne, Schwager, ins Horn» (Specht 1913: 47; siehe hierzu auch Floros III 1985: 153 f.). Aber nicht nur das pralle Leben, sondern auch der scharfe Kontrast, das Bewusstsein des Sterben-Müssens sowie eine beängstigende Höllenvision, werden in Goethes Gedicht thematisiert. Solche Gegenwelten, ja der scharfe Riss der Diskontinuität, der in den beiden vorangegangenen Sätzen in Opposition zu den tradierten Formanlagen steht, nehmen auch im Scherzo eine fundamentale Rolle ein. Ein besonders deutliches Beispiel findet sich in einem Abschnitt des 2. Trios, mit dem der zuvor turbulente Verlauf in eine Art «Schockstarre» der tremolierenden, von starken dynamischen Gegensätzen geprägten Streicher sowie der echoartig versetzten Haltetöne von vier Hörnern gerät (ab T. 269). Aus dieser löst sich, mit deutlicher

Anspielung auf Passagen der Posthornepisode im Scherzo der *Dritten* und wie aus einer «anderen Welt» hereinklingend, das Solohorn («Corno obbligato») mit einem verinnerlichten, melodisch in sich kreisenden Thema (ab T. 286). Ansetzen von Musik und deren «Verklingen» (wie Mahler mehrfach notiert), das «Nachhorchen» von etwas, das unwiederbringlich zu verschwinden scheint, machen das Substrat dieses Trios aus, das sich ab T. 381 zunehmend mit Elementen des Scherzoteils mischt. Dieser plötzliche «Riss» im musikalischen Verlauf findet sich noch einmal ab T. 700, wobei allerdings die Intervention des Solohorns die geradezu gewaltsamen Ausbrüche des Orchestertutti und wenig später der Streichertremoli nur mit Mühe zu bändigen vermag. Erst in einer verklingenden Verschmelzung von Trio- und Scherzoelementen (T. 745 ff.) beruhigt sich das Geschehen und weicht, eingeleitet von der Großen Trommel (T. 764 ff.), dem finalen, geradezu exaltierten Scherzoabschnitt.

Die mit dem «Adagietto» eingeleitete 3. Abteilung dieser Sinfonie stellt in vieler Hinsicht einen markanten Kontrast vor allem zum 2. und 3. Satz dar. Die Beschränkung auf Streicher und Harfe, der stark von Liedeinflüssen geprägte melodische Duktus, sowie eine expressive Aura, die Mahler in der Partitur mehrfach als «seelenvoll» benennt, haben zu einer Sonderstellung dieses Satzes geführt, die wesentlich die interpretatorischen Zugänge (vor allem hinsichtlich der zugrunde liegenden Tempowahl und der Phrasierung der expansiven melodischen Bögen) prägen. So gibt es wohl kaum einen anderen Satz einer Sinfonie, bei dem die Spieldauer zum Teil derart extrem auseinanderklafft (etwa bei Mengelberg/Concertgebouworkest 1926 knapp über 7 Minuten, bei Scherchen/Philadelphia Orchestra 1964 über 15 Minuten). Vor allem aber dessen Verwendung in Luchino Viscontis Verfilmung von Thomas Manns Novelle *Tod in Venedig* (1971) hat rezeptionsgeschichtlich fraglos zu einer gewissen Sonderstellung dieses Satzes beigetragen. Unabhängig von diesem Kontext ist zunächst der Standort des Adagietto im sinfonischen Gefüge zu präzisieren. Auffällig ist, dass Mahler in vielen Fällen die Phrasierung der Themen exakt durch Atempausen angibt: ein Verfahren, das einen explizit gesanglichen Duktus, gleichsam ein «Lied ohne Worte» geradezu zwingend suggeriert.

Dass Mahler die beiden Schlusssätze zu einer 3. Abteilung zusammenfasst, lässt zunächst eine strukturelle Symmetrie erkennen, innerhalb derer dem Scherzosatz eine Achsenfunktion zukommt. So wie der Kopfsatz und der stürmisch-vehemente 2. Satz thematisch verknüpft sind, trifft dies auch für die Relation zwischen dem Adagietto und dem Rondo-Finale (dort vor allem im «Grazioso»-Teil, T. 191–233) zu. Die explizit gesanglich-lyrische Disposition des Adagietto wurde allerdings zwiespältig beurteilt: Adorno etwa kritisierte dessen «kulinarische Sentimentalität» (Adorno 2019: 200). Es sollte dabei nicht der Versuch gemacht werden, ein konkretes Rückert-Lied (wie etwa das oft bemühte «Ich bin der Welt abhanden gekommen») mit dem Adagietto in Verbindung zu bringen, sondern es in seiner expressiven Substanz als instrumentalen Liedsatz zu belassen. Und als solcher, in seiner vergleichsweisen sparsamen, verinnerlichten Instrumentation, eröffnet er fraglos ein neues Stadium der Amalgamierung von Lied und Sinfonie, das nun nicht mehr der Textbezogenheit bedarf. Bezeichnend für diesen Satz ist auch die allmähliche Gestaltwerdung aus der Stille und noch temporalen Unbestimmtheit des Anfangs hin zu gesanglichem Duktus ab dem Auftakt zu T. 3: eine Musik also, die erst zur eigenen temporalen Verfasstheit finden muss und mehrfach in ein scheinbar «zeitloses» Sistieren zurückfällt (so etwa in den T. 21 f., 37 f., 85 ff.). Das weitläufige «Atmen» dieses Satzes, das allmähliche Entstehen eines Zeitflusses, die Entfaltung von kurzen (und leider in manchen Einspielungen oft ignorierten) expressiven kontrapunktischen Führungen (wie etwa in den T. 6 f. oder 10 ff. in den Violen) verleihen diesem Satz eine innere Ruhe und generell eine Pulsation zwischen langsamen, introvertierten Abschnitten und zum Teil intensiven Steigerungspartien (etwa T. 27 ff. und 44 ff., T. 56–60, ab T. 91).

Das ersterbende Ende des Adagietto führt bruchlos in das mit einem einzelnen, verklingenden Ton a^1 in den Hörnern, echoartig von den 1. Violinen gefolgt, beginnende Rondo-Finale.

Der Anfang dieses Satzes (bis zum Beginn des «Allegro giocoso», ab T. 24) mutet nach dem letzten emphatischen Aufbäumen der Streicher und Harfe im Adagietto wie ein allmähliches Erwachen einer neuen musikalischen Szenerie an, die wesentlich durch wechselnde Dialoge der solistischen Holzbläser und des 1. Horns geprägt ist. Häufige Tempowechsel suggerieren dabei eine Unbestimmtheit, eine Art «Sich-Einfinden» in eine andere Klangwelt, die erst ab dem «Allegro giocoso» (T. 24 ff.) zu breiter ausgeführten melodischen Entwicklungen führt.

Mahler greift zu Beginn auf sein 1896 entstandenes *Wunderhorn*-Lied *Lob des hohen Verstandes* zurück, in dem ein Wettstreit zwischen Kuckuck und Nachtigall thematisiert wird. Nur wenig später (T. 7 ff.) erklingt in der Oboe eine Figur, die am Ende dieses Satzes (759 ff.: Posaunen im *fff*, «alles übertönend») leicht modifiziert für kurze Zeit einen alles überstrahlenden Duktus annimmt und den Schlusschoral am Höhepunkt des 2. Satzes (dort Trompeten, T. 500 ff.) in Erinnerung ruft. Was hier an Querbezügen in einer scheinbar traumverlorenen, von wechselnden Erinnerungen und Antizipationen bestimmten Einleitung vor sich geht, ist nicht zuletzt ein Wesensmerkmal dieser Sinfonie. Wird die scheinbare Autorität des triumphalen Chorals im 2. Satz bereits nach wenigen Takten in Frage gestellt und im *ppp* verklingenden *morendo* demaskiert, scheinen am Beginn des Finalsatzes lediglich Splitter einer schemenhaften Erinnerung auf, so ist auch die nun offenbar fraglose Dominanz des Chorals im Rondo-Finale nur vorläufig. Nie gelangt dieser an ein schlüssiges Ende. Vielmehr wird er ab T. 749 von der Turbulenz einer geradezu erzwungen wirkenden finalen Stretta absorbiert. Denn auch hier vermag das erwähnte «alles übertönend» der Posaunen nur scheinbar der Autorität des Chorals zum Durchbruch zu verhelfen. Mit der unvermittelten Wendung nach Es in T. 783 (mit der zugleich die ungestüme Bewegungsenergie dieses Satzschlusses für einen Moment sistiert) und der anschließenden, über einen Klangraum von fünf Oktaven abstürzenden Ganztonfigur der Holzbläser wird letztlich die Scheinhaftigkeit eines «krönenden Finalschlusses» gnadenlos demaskiert: Die letzten Tuttischläge sind daher wohl eher im Sinne eines ambivalent tragisch-komischen «La commedia è finita» zu verstehen.

Gattungsnorm und Gattungssprengung: die 6. Sinfonie

Besetzung: Picc., 4 Fl. (3. und 4. auch Picc.), 4 Ob. (3. und 4. auch Eh.), Englischhorn, Klar. in D und Es, 3 Klar., Bassklar., 4 Fag., Kontrafag., 8 Hr., 6 Trp., 4 Pos., Basstuba; Pk. (2 Spieler), Schlagwerk (Kl. und Gr. Tr., Becken, Trgl., Tam-tam, Rute; Hammer, Glsp., Xyl., Herdengl., tiefes Glockengeläute), Harfen, Celesta, Streicher.
Entstehungszeit: Sommer 1903–Mai 1905.
Erstaufführung: 27.5.1906 in Essen.
Erstdruck: Leipzig (C. F. Kahnt) 1906.
Neue Kritische Gesamtausgabe: Mahler NGA, Bd. VI, Frankfurt a. M. 2010 (C. F. Peters).

Mahler war sich bewusst, dass seine 6. Sinfonie, in den Sommermonaten 1903/04 entstanden, an die Hörer besonders hohe Anforderungen stellt: So schreibt er im Herbst 1904 am Ende eines an Richard Specht gerichteten Briefes: «meine VI. wird Rätsel aufgeben, an die sich nur eine Generation heranwagen darf, die meine ersten fünf in sich aufgenommen und verdaut hat.» (GMB 1996: 318). Theodor W. Adorno hat in einem mit «Zerfall und Affirmation» betitelten Kapitel seines Mahler-Buches die außerordentlichen Ansprüche dieses Werkes prägnant beschrieben: «Daher die größte Schwierigkeit, die Mahler dem Verständnis bereitet. In eklatantem Widerspruch zu allem an absoluter, programmloser Musik Gewohnten sind seine Symphonien nicht einfach positiv da, als etwas, was den Mitvollziehenden belohnte [...], sondern ganze Komplexe wollen negativ genommen, es soll gleichsam gegen sie gehört werden.» (Adorno 2019: 169). In der Tat hat dieses Werk bei zahlreichen Kritikern Ratlosigkeit und Ablehnung hervorgerufen. So resümiert etwa Gustav Altmann in der Zeitschrift *Die Musik*: «Er [Mahler] kennt nur noch die Blechsprache; er redet nicht mit uns – er brüllt und tobt uns an, und verwundert fragt man: Wozu der Lärm?» (Zit. nach Wandel 1999: 114). Aspekte einer schicksalhaften Erfüllung, zumal im Finalsatz, werden bis in die jüngere

Zeit bemüht: Das Spektrum reicht dabei von der Vorahnung einer «sich zuspitzende[n] Pogromstimmung» (zit. nach Oechsle 2010: 293) bis zur Totalität eines Endes in einem «Nichts mit einer Entschiedenheit, wie sie nur der Tod erzwingt» (Hansen 2011: 82). Auch wenn das Ende des Finales häufig als Gegenbild zu jenem der *Fünften* beschrieben wird, so ist es in mancher Hinsicht vielleicht eher die konsequent-radikale Weiterführung von Tendenzen, die sich dort in nuce bereits andeuten: etwa die letztendliche Unabgeschlossenheit der Choralapotheose im Rondo-Finale, das plötzliche Sistieren der energiegeladenen Bewegung in einer unerwarteten tonalen Wendung nach Es in T. 783, der klagende Höhepunkt am Ende des Kopfsatzes, oder das in aufsteigenden Dreiklangsbrechungen sich verflüchtigende Trauermarschmotiv in dessen letzten Takten. Und es erscheint auch zu einseitig, die *Sechste* ausschließlich aus ihrem Finale als grundsätzlich neue Konzeption in Mahlers sinfonischem Œuvre zu erklären, und das, was sie an sein früheres Schaffen bindet (wie etwas das Scherzo), zu vernachlässigen. Vieles freilich ist in der Tat vorbildlos, so etwa die geradezu ausufernde Schlagwerkbesetzung, die in seinen Sinfonien erstmals verwendete Celesta, und schließlich – eine Quelle vieler problematischer Deutungsperspektiven – die beiden Hammerschläge im Finalsatz. Es ist vermutlich kein Zufall, dass anhand dieses Satzes das Meinungsspektrum der Rezensenten besonders divergierend war: dieses reicht von «streng logische[r] Gliederung», «klare[r] Größe und Durchsichtigkeit der Linienführung» bis zu einem «Chaos der Dissonanzen» und deren «alles zerschmetternder Wucht», die deutlich machen, «dass das Werk in der dämonischen Epoche der Erdbeben entstanden» sei (Rudolf Louis, zit. nach Kubik 2010: XIV). Polemischer noch wurden die kritischen Stimmen nach der Wiener Aufführung vom 4.1.1907. Robert Hirschfeld etwa, einer der schärfsten Mahler-Kritiker, konstatiert schonungslos: «So greift er [Mahler] zum Hammer. Er kann nicht anders. Versagen die Töne, so fällt ein Schlag. Das ist ganz natürlich. Redner, denen im entscheidenden Moment die Worte fehlen, schlagen mit der Faust auf den Tisch» (ebda., XV). Differenzierter und die klanglichen Innovationen Mahlers hervorhebend urteilt etwa der mit Schönberg und Webern eng befreundete David Josef Bach, der Mahlers Experimentieren mit Klangfarben hervorhebt und somit den «Schwerpunkt der Symphonie vom Thematischen ins Klangliche» verlagert sieht (Bach: *Arbeiter-Zeitung*, 10.1.1907: 8). Ohne die außerordentlich komplexe und in Urteilen zum Teil extrem divergierende Rezeptionsgeschichte dieses Werkes darlegen zu können, zeigt sich an diesen wenigen Beispielen, welch ungemein hohe Anforderungen Mahler mit diesem Werk an seine Hörer gestellt hat. Für ihn selbst war die *Sechste*, zumal das Finale, fraglos ein Werk zukunftsweisenden Charakters. Mit dem Verzicht auf jegliche trostvolle oder apotheotische Perspektive komponierte Mahler einen Finalschluss, der wohl nur im abschließenden «Largo desolato» von Tschaikowskys 6. Sinfonie («Pathétique») ein Pendant findet. Während dort die Musik in leisester Dynamik verklingt, bäumt sich bei Mahler ein letztes Mal jener verzweifelte Ausbruch auf, der in den T. 9 ff. des Finales als Dur-Moll-Siegel, verbunden mit einem markant vom Duktus des Trauermarschs geprägten Paukenrhythmus in Erscheinung tritt, am Ende aber ausschließlich auf die Mollsphäre beschränkt bleibt.

Mahlers Neigung zur Verwendung von Marschcharakteren, sowohl in seinen Sinfonien als auch den Liedern, manifestiert sich im Kopfsatz in besonderer Weise. Bereits die dem Hauptthema vorausgehenden sechs Einleitungstakte sind nichts anderes als eine «heftig, aber markig» auszuführende Marschintroduktion. Und auch die ausgedehnte, 123 Takte umfassende Exposition ist davon wesentlich geprägt. Allerdings folgt dem Hauptthema, nach abstürzender Figur der Fagotte und tiefen Streicher, ein Leitrhythmus der Pauken in Verbindung mit einer Akkordfolge Dur → Moll (T. 59 f.: Oboen und Trompeten), denen im weiteren Verlauf des Satzes (etwa T. 334 f.), im Scherzo (dort allerdings nur als Dur-Moll-Siegel, T. 87 ff.), vor allem aber im Finalsatz jene bereits erwähnte hohe Symbolkraft zukommt. In einem sehr frühen Stadium dieser Sinfonie verweist Mahler somit auf die Fatalität eines Endes, das jeglicher trostvollen Perspektive entbehrt, vielmehr in aller Konsequenz das

Unabweisbare eines «Schicksalsspruches» (Bekker 1921/2016: 209) fokussiert.

Auch das emphatisch-schwungvolle Seitenthema (ab T. 77, allerdings nicht in der dem Sonatensatzschema entsprechenden Durparallele, sondern in F-Dur), wird bereits nach wenigen Takten vom Marschduktus (T. 91 ff.) eingeholt. Und auch der folgende Neuansatz dieses häufig als «Alma-Thema» beschriebenen Abschnitts endet – «morendo» verklingend – als Marsch. Dessen Dominanz wird in der Durchführung (T. 123 b–285) eher noch verstärkt, andererseits aber auch von alternativen Ausdruckssphären durchsetzt. Meist folgen diese unterschiedlichen klanglich-thematischen Sphären abrupt und schnittartig aufeinander. Übergang oder gar Überblendung sind ihnen fremd, obwohl sie über ein gemeinsames motivisch-thematisches Repertoire verfügen, wobei dem erstmals in den T. 61 ff. erklingenden Choral eine besonders wichtige Funktion zukommt. Symptomatisch für dieses Ineins von scharfem Schnitt und zugleich latenter thematischer Vermittlung ist das Ende der Reprise und der Beginn der Coda (ab T. 365). Verklingt Erstere mit dem Beginn des Seitensatzthemas, so wird die Coda mit einem düsteren, trauermarschartigen Duktus eingeleitet, auf den nach wenigen Takten ein «wie wütend dreinfahrend[er]» Tuttiausbruch folgt (T. 382 ff.). In den letzten ca. 100 Takten des Kopfsatzes erreicht die Integration von Marsch, Seitenthema und Anspielungen an die lyrisch-verinnerlichte, von hohen Streichertremoli und Celesta geprägte Klangwelt wohl ihre bislang größte Dichte. Zudem tritt der Marsch in unterschiedlichen «Maskierungen» in Erscheinung: auftrumpfend (T. 382 ff.), ins Groteske gewendet (T. 392 ff.), gleichsam räumlich entrückt (T. 429 ff.), um schließlich – von massivem Schlagwerk eingeleitet – mit dem Kopfmotiv des Seitenthemas der abschließenden Stretta Raum zu geben.

Hinsichtlich der Abfolge der Mittelsätze hat vor mehr als 15 Jahren eine intensive Diskussion eingesetzt, in deren Verlauf massive Zweifel an der lange geübten Praxis (zuerst Scherzo und anschließend Andante) geäußert wurden. Diese geht zurück auf eine Anfrage Willem Mengelbergs an Alma, in der er auf diesbezügliche Unterschiede zwischen der Erstausgabe der Studienpartitur und jener der Dirigierpartitur verweist. Almas via Telegramm am 1. Oktober 1919 übermittelte Antwort («Erst Scherzo; dann Andante – herzlich Alma»; Bruck 2004: 26) hat daraufhin über nahezu 80 Jahre die Aufführungsgeschichte der Sechsten Sinfonie geprägt, obwohl Mahler die Binnensätze noch zwischen der Essener Generalprobe und der Uraufführung am 27. Mai 1906 umgestellt hat und dies auch in zwei weiteren von ihm dirigierten Aufführungen (München, 8.11.1906; Wien, 4.1.1907) so gehandhabt hat.

Das «Andante moderato» (Es-Dur) bildet in vieler Hinsicht einen Gegenpol zu dem von scharf kontrastierenden Klangwelten durchsetzten Kopfsatz. Bereits in den Rezensionen der frühen Aufführungen wurde immer wieder auf dessen idyllischen Gestus, stimmungsvolle Innigkeit oder pastorale Färbung verwiesen (siehe Hanheide 2004: 192–195). Man könnte diesen Satz zu Recht als Paradigma einer unendlichen Melodie beschreiben, die zwar liedhafter Anklänge nicht entbehrt, diese in ihrer eher unregelmäßigen Periodik allerdings auch in Frage stellt. Der häufig erwähnte Bezug zwischen dem Hauptthema und dem 4. *Kindertotenlied* («Oft denk ich, sie sind nur ausgegangen») betrifft weniger konkrete Motive oder melodische Wendungen, sondern vielmehr den Duktus des bruchlos weichen Fließens «der melodischen Linien im Einklang mit den zwischen ihnen sich bildenden, ebenso weich einander ablösenden Harmonien» (Hansen 2015: 133). Arnold Schönberg hat in seiner *Prager Rede* aus dem Jahr 1912 darauf aufmerksam gemacht, dass die «Abweichungen vom Konventionellen», mit denen Mahler regelmäßige Periodenbildungen konterkariert, zugleich eine innere Balance schaffen, sich «einander bedingen» (Schönberg 1976: 17). Zwar hat das «zart» anhebende Andante-Thema liedhaften Charakter, aber dieser wird sogleich einem permanenten Werdeprozess unterzogen, der einerseits ein hohes Maß an metrischer Instabilität mit sich bringt, andererseits jegliche melodische Geschlossenheit vermissen lässt. Dass dieses in T. 20 «morendo» verklingt, scheint eine schlüssige Konsequenz dieser Art von Themenbildung zu sein. Ein anderes, wesentliches Element dieser Melodie ist das Changieren zwischen der Tonika Es-Dur und der Mollvariante, die besonders dort sich niederschlägt, wo auch die reguläre Periodenbildung gestört wird. Beide Maßnahmen bedingen sich also und unterminieren eine «schlichte Liedhaftigkeit». Insofern lässt sich die Anlage dieses Satzes auch kaum schlüssig auf ein bestimmtes Formmodell (wie etwa das des Sonatensatzes) zurückführen. Vielmehr ist dem Satz permanente Variantenbildung eigen. Haupt- und Seitenthema (Letzteres in g-Moll, erstmals ab T. 22, allerdings nach wenigen Takten verklingend) sind eng aufeinander bezogen. Und selbst dort, wo sich – wie in den T. 100ff. – geradezu zwingend der Eindruck einer Reprise des Hauptthemas einstellen mag, wird sehr bald bewusst, dass es sich um nichts anderes als eine weitere Themenvariante handelt. Der Prozess dieser permanenten Verwandlung, Erinnerung und Neuformulierung, führt – wie erwähnt – mehrfach zu einem Verklingen im «morendo», andererseits aber auch zu markanten Steigerungspartien, die mit einem deutlichen tonalen Wechsel einhergehen. In den T. 56ff. ist es nach dem eröffnenden Es-Dur (es-Moll) die Tonart e-Moll, die sich wenig später (T. 84ff.) nach E-Dur wendet, einer Tonart, die bei Mahler häufig mit einer markanten Aufhellung, ja der Vision einer anderen, höheren Sphäre verbunden ist (man denke etwa an den E-Dur-Durchbruch im 3. Satz seiner Vierten Sinfonie). Diese Steigerungspartien gehen einher mit einem Instrumentalpart, der ausschließlich diesen Abschnitten vorbehalten ist, nämlich den Herdenglocken, die für Mahler ein Symbol der «Entrückung» und des «Visionären» bedeutet haben. Die tonale Ausweitung wird ab dem zweiten Teil, beginnend mit der vermeintlichen Reprise in T. 100, deutlich intensiviert, und zwar zunächst mit einer Aufhellung nach C-Dur («misterioso», ab T. 115), A-Dur (T. 124), hin zu einer variierten Wiederkehr des Seitensatzes (T. 137), der mit der Wendung nach cis-Moll (T. 146) eine groß dimensionierte Steigerungswelle auslöst, an deren Höhepunkt wiederum Herdenglocken einsetzen. Die Unregelmäßigkeit der Periodik, die beiden Themen eigen ist, wird gleichsam potenziert und entfaltet einen fast fünfzig Takte umfassenden, bruchlosen melodischen Bogen, der am Satzende innerhalb weniger Takte «morendo» verklingt: Emphase und Zerfall, beides sind grundlegende Merkmale der formalen Gestaltung nicht nur dieses Satzes, sondern generell der Sechsten Sinfonie.

Trotz seiner gegenüber dem Scherzo der 5. Sinfonie reduzierten Dimension und der klaren Abfolge kontrastierender Abschnitte kommt dem entsprechenden Satz in Mahlers *Sechster* ein hohes Maß an dramatischer Intensität und bisweilen zu grotesk-katastrophalen Ausbrüchen neigenden Spannungsentladungen zu. Wolfram Steinbecks Beschreibung dieses Satzes als «Destruktion abendländischer Symphonik schlechthin» (Steinbeck 2001: 76) mag auf den ersten Blick überspitzt klingen, benennt aber treffend eine Dramaturgie, deren thematische Charaktere mehr und mehr auf geradezu schicksalhafte Konfliktsituationen zusteuern. Bereits in den ersten Takten wird der «wuchtig» und äußerst perkussiv anhebende Satz von metrischen Irritationen durchsetzt. So setzt die Pauke *sforzato* auf der 3. Achtel eines 3/8-Taktes ein, die tiefen Streicher volltaktig auf Zählzeit 1, die Hörner, Violinen und Violen wenig später wiederum auf der dritten Zählzeit. Die dadurch entstehende «unregelmäßig stampfende Reihe von Schlagimpulsen» (Hansen 2015: 131) bestimmt den gesamten 1. Scherzoteil (T. 1–97). Sie tritt besonders prominent noch einmal in dessen letzten Takten in Erscheinung, fungiert aber zugleich als auftaktige Wendung zum Trio in F-Dur (T. 98–182). Mahlers Bezeichnung als «altväterisch» suggeriert zwar eine heile, ungetrübte und von «Störfaktoren» weitgehend freie Ausdruckswelt, allerdings wird dieser Eindruck sehr rasch durch häufige Taktwechsel (4/8, 3/8, 3/4) relativiert. Generell knüpft dieses Trio sowohl hinsichtlich seiner metrischen Disposition als auch zahlreicher motivisch-thematischer Gemeinsamkeiten an den Scherzoteil an (besonders deutlich in Bezug auf die T. 50–54). Der 2. Scherzoteil (ab T. 199) führt nun erstmals mit einem chromatischen Wechseltonmotiv in eine bedrohliche und die bisherige Bewegungsdynamik kurzfristig außer Kraft setzende klangliche Zuspitzung (T. 227 ff.). Und es mag kein Zufall sein, dass erstmals hier das tiefe Tam-tam (in Verbindung mit der Großen Trommel) im *piano* einsetzt (ab T. 227), ein Instrumentalklang, der etwa für Hector Berlioz eng mit der Aura der Trauer oder des «höchsten Entsetzens» (Berlioz/Strauss 1905: 422) verknüpft war. Diese Tendenz zum Tragisch-Grotesken manifestiert sich in zunehmendem Maße, einerseits durch die Verbindung des anfänglichen 3/8-Metrums mit einem qualvoll wirkenden chromatisch absteigenden Duktus der sordinierten Hörner (T. 349 ff.), vor allem aber der wiederum durch das Tam-tam (diesmal im *forte*) intensivierten Klimax des Satzes (T. 401 ff.). Über dieser erhebt sich wie in einem letzten verzweifelten, von Mahler als «grell» beschriebenen Aufschrei in den vier Oboen noch einmal der Themenkopf des Trios, um wenige Takte später in einem ins «morendo» versinkenden Absturz jegliche Energie einzubüßen. Nur noch Partikel des Trio- bzw. des Scherzoteiles, Residuen einer Welt, die zunehmend ins Düstere abgleitet, mögen sich noch behaupten. Auffällig ist dabei die Häufung des bereits erwähnten Dur-Moll-Siegels in den letzten gut 25 Takten (ab Z. 102): ein Klangsymbol der Desillusionierung, dem im Kopfsatz, mehr aber noch im Finale (siehe hierzu Kap. Affirmation und ersterbendes Ende: Klimax und Krise der «Finalsinfonie») zentrale Bedeutung zukommt.

«Gefährdete Idylle»: die 7. Sinfonie

Besetzung: Picc., 4 Fl. (4. auch Picc.), 3 Ob., Englischhorn, Klar. in Es, 3 Klar., Bassklar., 3 Fag., Kontrafag., Tenorhorn in B, 4 Hr., 3 Trp., 3 Pos., Kontrabasstuba, Gitarre, Mandoline, 2 Hf., Pk., Schlagwerk (Kl. und Gr. Tr., Becken, Trgl., Tambourin, Rute, Tam-tam, Herdengl., Glsp., Glockengeläute), Streicher.
Entstehungszeit: Sätze 2 und 4: Sommer 1904, Sätze 1, 3 und 5: Sommer 1905.
Erstaufführung: 19.9.1908 in Prag.
Erstdruck: Berlin (Bote & Bock) 1909.
Neue Kritische Gesamtausgabe: Mahler NGA, Bd. VII, Berlin 2008 (Bote & Bock).

Laut dem Musikpublizisten Wolf Rosenberg war die Siebente die von Anton von Webern bevorzugte Sinfonie Mahlers. Und es mag kein Zufall sein, dass es ebenfalls dieses Werk war, durch das sich Schönbergs zunächst kritische Haltung gegenüber Mahler deutlich ins Gegenteil gewandelt hat. In einem Brief vom 29. Dezember 1909 berichtete er über die starken und anhaltenden Eindrücke, die dieses Werk bei ihm hinterlassen hat, und versicherte Mahler: «Ich bin jetzt wirklich ganz der Ihrige. Das ist mir sicher.» (http://archive.schoenberg.at/letters). Trotz Schönbergs und besonders Weberns Begeisterung hat vor allem das Rondo-Finale der 7. Sinfonie – wie bereits in Kap. «Theatralik ohne Bühne» des Einleitungsteils vermerkt – eine bemerkenswert kontroverse Rezeption erfahren. Geradezu einem Verdikt entspricht Deryck Cookes Einschätzung als «an isolated example of ‹Kapellmeistermusik› in Mahler's work», das er mit folgendem Urteil beschließt: «there can be no question that the finale is largely a failure.» (Cooke 1980: 90 f.).

In der Tat erscheint das Rondo-Finale auf den ersten Blick wie ein Rückfall in eine überkommene Tradition. Die Idee der Gebrochenheit des affirmativen Finalsatzes ist hier ohne Zweifel zugunsten des äußeren Glanzes und des festlichen Klangportraits aufgehoben. Und auch die erwähnte Affinität zu Wagners «Meistersingern» ist wohl kaum zufällig. Allerdings ignoriert eine solche Betrachtung die ironische Komponente dieses Satzes, der vermutlich nicht geringe Bedeutung in Mahlers kompositorischem Konzept zukommt. Seine Anweisungen «mit Bravour» für das einleitende Paukensolo; «etwas feierlich. Prachtvoll» gegen Ende des Rondo-Finales (T. 539 ff.), wobei die Paukenintroduktion durch die Verwendung von Holzschlägeln noch zusätzlich geschärft, ja brutalisiert wird; die Anklänge an Janitscharenmusik (ab T. 368): all dies macht deutlich, dass Mahler in seiner *Siebenten* ein extrem heterogenes Klangpanorama entwirft, das gleichermaßen Sublim-Romantisches wie Grotesk-Deformiertes umfasst. Und es ist kaum überraschend, dass in den Interpretationen, die diese Gegensätze extrem ausloten (wie etwa jene Michael Gielens), die progressiven Elemente dieses Werkes in besonderer Weise manifest werden. Das äußerst heterogene musikalische Vokabular dieser Sinfonie scheint sich dabei über weite Strecken dem Ideal des umfassenden strukturellen Zusammenhangs zwischen den einzelnen Abschnitten sowie deren Themen und Motiven zu widersetzen. An deren Stelle treten nicht selten abrupt wirkende Kontraste. So folgt etwa auf den krönenden C-Dur-Schluss der Ritornells ohne jegliche Modulation ein Dreiklang in As-Dur der Holzbläser, der die Tonalität der folgenden 1. Episode bildet (T. 51 ff.). Nicht weniger kontrastierend ist die tableauartige Reihung von Ritornell und der Folge zweier unterschiedlicher Episodenabschnitte, nämlich dem Aufgreifen des Beginns der 1. Episode (ab T. 53 → T. 210–19), und dem menuettartigen «Grazioso» der 2. Episode (ab T. 100 → ab T. 220), oder dem Ritornell, auf das nach wenigen Takten die erwähnte «Janitscharen»-Episode folgt (ab T. 360). Diesen oft scharfen, schnittartigen Tableaus wirken allerdings werkübergreifende Bezüge entgegen: So greift Mahler etwa gegen Ende des Rondo-Finales das Hauptthema des Kopfsatzes auf (T. 50 ff. → Rondo-Finale: T. 455 ff.).

Mahlers Beschreibungen hinsichtlich der Einleitung des Kopfsatzes und deren Entstehung weisen naturhafte Inspirationen auf. Er selbst habe – so erinnert sich Richard Specht – über das Hauptthema geäußert: «hier röhrt die Natur». (Specht 1913: 299). Und in einem Brief an Alma vom 8.6.1810 präzisiert Mahler die Inspirationsquelle für den initialen Rhythmus, nämlich die Ruderschläge bei der Kahnfahrt über den Wörthersee. Tatsache ist freilich, dass dieser initiale Rhythmus der Streicher mehr als bloße Begleitfolie für das kurze Zeit später mit «großem Ton» einsetzende Tenorhorn ist. Es fungiert vielmehr als Generator für verschiedene thematische und motivische Elemente, die den gesamten Satz durchziehen und wesentlich stärker als die (eher äußerliche) formale Gestaltung als Sonatensatz den erzählenden Duktus dieses Satzes bestimmen. Von nicht geringerer Bedeutung ist der Reichtum an divergierenden Klangwelten. Einen Gegenpol zur dunkel-mystischen Klangaura des Satzbeginns bildet das Ende des Durchführungsteils. In einem in sich ruhenden, pastoralen Segment, geprägt von fanfarenhaften Trompetensignalen in leisem dynamischen Register, die deutlich den initialen Rhythmus aufgreifen, öffnet Mahler mittels eines knappen, choralhaften Übergangs und eines Harfenglissandos den Durchbruch von Des-Dur nach H-Dur (T. 317). Die Deutungsperspektiven dieses herausragenden Moments sind vielfältig, verweisen aber alle auf eine Erfahrung von Transzendenz. Die Wirkung dieser plötzlichen Klangaufhellung ist von unmittelbarer Suggestivkraft, die allerdings in markantem Kontrast zu ihrer fehlenden Nachhaltigkeit steht. Denn bereits 20 Takte später bricht sie in einem raschen Absturz der Violinen in sich zusammen und weicht am Beginn der Reprise (T. 338) der dunklen Klangwelt der Einleitung. Jeglicher Raum des Pastoralen und der Ahnung von etwas Überirdischem bleibt vorläufig: ein Versprechen, dessen Einlösung versagt bleibt.

Zu den merkwürdigsten Phänomenen in Mahlers sinfonischem Œuvre zählen die beiden «Nachtmusiken» (Sätze 2 und 4). Nicht zuletzt bilden sie insofern ein Unikum, als Instrumente eingesetzt werden, die in Mahlers Sinfonien ansonsten nicht oder nur ausnahmsweise vorkommen, nämlich Gitarre und Mandoline in der 2. Nachtmusik (Letztere auch in der 8. Sinfonie). Beide scheinen auf eine nächtliche Serenade zu verweisen und wurden zum Teil auch als solche gedeutet. Der von Alma Mahler geäußerte Hinweis, dass Mahler bei der Komposition der 2. Nachtmusik «Eichendorffsche Visionen [...], plätschernde Brunnen, deutsche Romantik» (AME 1971: 117) vorgeschwebt hätten, verstellt aber eher den Gehalt dieses Satzes, als ihn zu erhellen. Denn tatsächlich ist die nächtliche Aura, die eine solche Deutung nahelegt, nicht nur bei Eichendorff, sondern auch bei etlichen seiner Zeitgenossen, eine gefährdete. Gotthilf Heinrich Schuberts 1808 erschienene *Ansichten von der Nachtseite der Naturwissenschaft* sowie seine sechs Jahre später publizierte *Symbolik des Traumes* etwa waren diesbezüglich prägend, nicht zuletzt für E. T. A. Hoffmann. Dieser betonte den dualen Charakter des Nächtlichen, nämlich einerseits als Zeit der Ruhe und des inneren Friedens, andererseits des Einbrechens übernatürlicher Kräfte, des Unheimlichen und Gefahrvollen. Beide, Eichendorff und E. T. A. Hoffmann, zählten zu Mahlers favorisierten Schriftstellern, deren Wirkung auf sein Denken und Schaffen kaum zu bezweifeln ist.

Der Beginn der 1. Nachtmusik besteht aus einem echohaften Dialog zwischen zwei Hörnern, der eine Art Naturlaut evoziert. Parallelen etwa zu Berlioz' *Symphonie fantastique* (3. Satz: *Scène aux champs*) sind offenkundig. Diese Konstellation von Ruf und Antwort gerät allerdings nach wenigen Takten in eine zunehmende Verdichtung und Überlagerung von Trillerfiguren und Fanfarenelementen, die in den T. 28 f. zu einem Einsturz des gesamten Orchesters in Verbindung mit dem Dur-Moll-Siegel (C-Dur → c-Moll) führen. Diese Konstellation wiederholt sich noch zwei weitere Male (T. 187 f. sowie am Ende des Satzes, T. 337 ff.). Paradigmatisch für diesen Gegensatz von Naturidylle und deren Umschlagen in eine völlig konträre, zutiefst verunsichernde Ausdruckswelt sind die letzten etwa 20 Takte. In T. 318 beginnt ein zunächst tonal statisches, von Vogelstimmenimitationen durchsetztes Klangfeld (C-Dur), das sich unvermittelt nach Des-Dur wendet (T. 335), um in den folgenden Takten in fallenden Figuren der Klarinetten und 1. Violinen (und im Weiteren der Violoncelli) in einen vom Tam-tam und mit Schwammschlägeln geschlagenen Becken bestimmten Klang zu münden.

Solche Kontrastsetzungen sind auch für die 2. Nachtmusik bezeichnend, betreffen dort aber eher die thematische Faktur. Der Eindruck einer durchgängigen Ruhelosigkeit infolge von planvoll eingefügten «Störfaktoren» setzt dabei häufig konventionelle Elemente der musikalischen Syntax außer Kraft. Die 2. Nachtmusik ist hierfür deshalb exemplarisch, weil Mahler weitaus stärker als zuvor den Tonfall populärer Idiome aufnimmt. Bereits der Beginn (Andante amoroso; Solovioline: «Mit Aufschwung») erinnert an usuelle Musik: eine typische Einleitungsformel, wie sie in einem Wiener Heurigenlokal als Auftakt zu einer stimmungsvollen Serenade erklingen könnte. Die erwähnte Verwendung von Gitarre und Mandoline sowie der nahezu durchgängig kammermusikalische Satz tragen wesentlich zu diesem Eindruck bei, der allerdings rasch durch merkwürdige Interjektionen infrage gestellt wird. Auffällig ist zunächst, dass die einleitende «Aufschwung»-Figur keineswegs nur einleitende Funktion hat, sondern – im Gegenteil – allein im Hauptsatz (T. 1–98) nicht weniger als vier Mal in Erscheinung tritt. Dabei fungiert dessen Erklingen aufgrund des oft massiven harmonischen Kontrasts eher als dreinfahrendes Korrektiv denn als integraler Bestandteil des thematischen Geschehens. Ausgeprägt ist dies etwa in den T. 23 ff. (vorheriger Abschnitt endend in Ges-Dur, «Aufschwung» in F-Dur, und in den T. 51 ff. Überlagerung von C-Dur und F-Dur). Die Ambivalenz zwischen dem Schein ungetrübter Idylle und deren plötzlicher Brechung findet sich beispielhaft in einer achttaktigen Periode, beginnend in T. 85: Eine repetitive Dreiklangsbrechung in F-Dur der Violinen (Vordersatz) schlägt unvermittelt in einen melancholisch in der Mollvariante einsetzenden Nachsatz um. Beide, Vorder- und Nachsatz, korrespondieren nicht länger, sondern stehen in Opposition zueinander. Und es erscheint geradezu als zwingende Folge, dass dieser Nachsatz nicht zu einem Abschluss der Phrase führt, sondern *pp* und «veloce» verklingt und damit jeglichen Eindruck eines in sich geschlossenen Themas außer Kraft setzt. «Melancholisch» ist hier mehr als bloße Ausdrucksanweisung, sondern repräsentiert zugleich die melancholische Realität des Daseins, die in die traumhafte Atmosphäre einer von Volksmusik durchsetzten, ungetrübten Aura einbricht. Wie in vielen Eichendorff-Gedichten scheint Mahler eine poetische Idylle zu realisieren, in der der idealisierte Status nur mit einer vorübergehenden Abkehr von der tatsächlichen Lebensrealität einhergehen kann: Bedrohung gefährdet permanent die Illusion einer in sich ruhenden, gesicherten Existenz.

Der Scherzosatz, von Mahler als «schattenhaft» bezeichnet (diese Anweisung findet sich auch im Kopfsatz der 9. Sinfonie ab T. 254), fällt zunächst durch eine extreme Partikularisierung der musikalischen Ereignisse auf. Willem Mengelberg, neben Bruno Walter sicher der bedeutendste Mahler-Dirigent zu dessen Lebzeiten, hat diesen in seiner Dirigierpartitur als «Geisterspuk Nachtstück» bezeichnet (Stoll-Knecht 2019: 210). Der Satz beginnt mit vereinzelten, voneinander getrennten Schlägen der Pauke, der tiefen Streicher (pizzicato) und der Bläser. Die allmähliche Genese von Musik selbst bildet die zentrale Idee dieser Scherzoeinleitung, und erst allmählich vermag sich eine motivische Organisation des Materials zu formieren. Zum anderen ist das Scherzo durchsetzt von mehreren Zusammenbruchsegmenten (T. 154ff., T. 398ff., ab T. 474), die Mahler mit «kreischend» bzw. «grell» bezeichnet hat, und die meist zu den bereits erwähnten Zersplitterungen des musikalischen Verlaufs führen. Gestaltwerdung und Zerbrechen motivisch-thematischer Figuren sind somit eng miteinander verbunden und stehen in dieser Hinsicht durchaus in Relation etwa zum Scherzo der 2. Sinfonie. Nach Constantin Floros verweist «schattenhaft» nicht nur auf «das Gespensterhafte, Unheimliche und Nächtige, sondern auch [auf] das Unfaßbare und darum auch Bedrohliche.» (Floros III: 199). In der Tat beschreibt dieses Scherzo eine extreme «Gratwanderung» zwischen Formierung und Zusammenbruch. Besonders deutlich wird dies in einem geradezu gewaltsamen musikalischen Akt gegen Ende des Satzes. Der kreischende Absturz der Holzbläser kulminiert in T. 401 in einem Pizzicato der tiefen Streicher im fünffachen *forte*, bei dem die Saiten an das Holz des Griffbretts anschlagen müssen (sog. «Bartok-Pizzicato»). Für einen Moment wird die Musik zu bloßem Geräusch und damit zu weitestgehender Distanz zu dem, was man zu dieser Zeit an Erwartungshaltungen mit Musik verbunden hat. Aus dieser radikalen Rückführung auf den isoliert erscheinenden Moment formiert sich aber erneut eine Variante des Hauptsatzes. Letztendlich behauptet sich aber die Sphäre des Zusammenbruchs: verklingende motivische Splitter, die wieder in die anfängliche Aura zurückführen, Pizzicati der tiefen Streicher, sowie ein harter, mit Holzschlägeln auszuführender Schlag der Pauke.

«Eine Symphonie für die Massen?»: die 8. Sinfonie

Besetzung: 1. Sopr. (Magna Peccatrix), 2. Sopr. (Una poenitentium), 3. Sopran (Mater gloriosa), 1. Alt (Mulier Samaritana), 2. Alt (Maria Aegyptica), Ten. (Doctor Marianus), Bar. (Pater ecstaticus), Bass (Pater profundus), 2 große gem. Chöre, Knabenchor. / 2 Picc. (1. Picc. auch 5. Fl.), 4 Fl., 4 Ob., Englischhorn, 2 Klar. in Es, 3 Klar., Bassklar., 4 Fag., Kontrafag., 8 Hr., 4 Trp., 4 Pos., Basstuba, Pk. (2 Spieler), Schlagwerk (Glsp., Trgl., Becken, Tam-tam. Tiefe Glocken, Gr. Tr.), 2 Hf., (mehrfach besetzt), Celesta, Klavier, Harmonium, Orgel, Mandoline, Streicher. Isoliert postiert: 4 Trp., 3 Pos.

Texte: 1. Teil: «Veni creator spiritus» (Hrabanus Maurus), 2. Teil: Schlussszene aus Goethes *Faust*.
Erstaufführung: 12.9.1910, München.
Erstdruck: Wien 1911 (UE).
Kritische Gesamtausgabe: Mahler GA, Bd. VIII, Wien 1977 (UE).

Unter den Sinfonien Gustav Mahlers hat kaum ein Werk derart polarisiert wie dessen *Achte*. Als «Symphonie der Tausend» etikettiert – schon im Titel Signum des Exzeptionellen – changiert sie in ihrer Rezeptionsgeschichte zwischen einem gleichsam überwältigenden «Hang zum Kolossalen und Gewaltigen» (Korngold 1910: 2) einerseits, dem Odium von «erhebenden Hochgefühlen der Sängerfeste» (Adorno 2019: 284) andererseits. Die *Achte* – dies wird aus einer detaillierten Analyse der zahlreichen Presseberichte, die nicht nur die Aufführungen selbst, sondern auch die organisatorischen Vorbereitungen dazu sowie die Probenarbeit begleitet haben, ersichtlich – wurde nicht nur als künstlerisches, sondern gleichermaßen als gesellschaftliches Ereignis beurteilt.

Zwei Momente artikulieren in besonderer Weise diesen Aspekt des «Öffentlichen». Zum einen die Dimension und Inszenierung dieses in jeder Hinsicht ungewöhnlichen Ereignisses. In ungeahntem Ausmaße wurde das spektakuläre Ereignis der Uraufführung in der Münchner Musikfesthalle am 12. September 1910 von einer massiven Werbekampagne begleitet: «When he arrived in Munich, Mahler [...] had been shocked at this riot of publicity which everywhere struck the eye. (HLG 4 2008: 953 f.). Nicht minder bedeutsam für die Positionierung der 8. Sinfonie war zum anderen der Anspruch komponierter Transzendenz im Sinne eines klingenden Universums, den Mahler für dieses Werk in besonderer Weise reklamiert hat, und der in einem Brief vom 18. August 1906, also der Entstehungszeit der *Achten*, beredten Ausdruck findet: «Ich habe eben meine 8. vollendet. – Es ist das Größte, was ich bis jetzt gemacht. Und so eigenartig in Inhalt und Form, daß sich darüber gar nicht schreiben lässt – Denken Sie sich, daß das ganze Universum zu tönen und zu klingen beginnt. Es sind nicht mehr menschli[che] Stimmen, sondern Planeten und Sonnen, welche kreisen.» (GMB 1996: 335). Emil Gutmann, der Veranstalter der Uraufführung, hat darauf aufmerksam gemacht, dass alle auch scheinbar äußerlichen Details eine letztlich geistige, metaphysische Zielsetzung hatten: ein «Kunstwirken höherer Ordnung». «Mahlers Arbeit ging dahin, das ursprünglich zerstreute Material der ausführenden Kräfte in ein homogenes umzugestalten. Er verschmolz Sänger, Orchester, Szene zu einer Kunsteinheit, die nichts anderes darstellte als den spezifischen Organismus des Kunstwerks. [...] Die Organisierung des Kunstwerks beendete Mahler jedoch nicht bei den Mitwirkenden. [...] Die äußere Gruppierung der Massen war ihm sehr wichtig, um auch für das Auge die Einheit des Kunstwerkkörpers sinnfällig zu machen [...]» (Gutmann 1983: 90). Auf signifikante Weise korrelieren Mahlers diesbezügliche Vorstellungen mit Max Reinhardts Konzept einer Massenregie, die er beispielhaft in seiner ebenfalls 1910 in München erfolgten Inszenierung von Sophokles' *König Ödipus* verwirklicht hat und die in vieler Hinsicht ein ästhetisches Pendant zu Mahlers *Achter* darstellt.

Mahler thematisiert nicht die reale Masse als gesellschaftliches Phänomen, sondern letztlich deren Entgrenzung in eine ins Transzendente verweisende Idee von Universalität, die mit der Sehnsucht der Zuhörer «nach dem umfassenden, sinngebenden, prophetisch-weisen Kunstwerk aufs Innigste korrespondiert.» (Hansen 2015: 158f.). So visionär seine Ideen anmuten, so eng sind sie mit ästhetischen Konzepten der frühen Romantik verknüpft. Mahlers Ideal der «Kunsteinheit» etwa hat durchaus Parallelen zu Friedrich Schlegels Forderung nach der Vereinigung aller getrennten Gattungen der Poesie. Die Idee hybrider Formen und einer Integration aller existierenden Gattungen hat Mahler seit den Anfängen seines Schaffens fasziniert und kommt vor allem in der Bestimmung seiner Sinfonik («mit allen Mitteln der vorhandenen Technik eine Welt aufbauen», NBL 2: 35) zum Ausdruck. Dass die 8. Sinfonie eine Sonderstellung in der Geschichte dieser Gattung einnimmt, war Mahler von Anfang an klar. Bereits in einem Gespräch, das er im Sommer 1906 mit Richard Specht geführt hat, meinte er, dass dieses Werk in

Form, in Inhalt und im Stil etwas ganz anderes als alle seine anderen Arbeiten sei: «Können Sie sich eine Sinfonie vorstellen, die von Anfang bis zu Ende durchgesungen wird?» Zwar hat Mahler anhand des ersten Satzes deutlich gemacht, dass dieser auf einer strengen sinfonischen Form basiere, andererseits war ihm die Verwirklichung einer «Sinfonie an sich», d.h. der vollständigen Synthese von Vokal- und Instrumentalmusik, die die traditionellen Gattungsgrenzen sprengt, ein zentrales Anliegen (Specht 1914). Die gegenseitige Durchdringung unterschiedlicher Gattungen, im Falle von Mahlers *Achter* vor allem von Sinfonie und Oratorium, ist generell für das späte 19. und frühe 20. Jahrhundert symptomatisch. Und auch Mahlers Bemühen, beide Sätze der Sinfonie auf vielfältige motivisch-thematische Weise zu verklammern, entspricht dem Stand fortschrittlichen Oratorienschaffens um die Jahrhundertwende. Dies gilt auch für die Synthese historisch divergierender Satzprinzipien und Stilebenen. Sie findet Niederschlag etwa in der «symphonisch-dramatische[n] Durchgestaltung des zweiten Teils, als musiktheatralische Form jüngeren Ursprungs», im Gegensatz zur neobarocken «Vokalpolyphonie des ersten». Trotz dieser Divergenzen findet sich in der *Achten* «in übergreifender Zusammenschau ein Gewebe an musikalischen und geistigen Bezügen», das jeden «äußeren Gegensatz überspannt.» (Wildhagen 2000, 407f.).

Eine weitere Auffälligkeit der 8. Sinfonie ist im II. Teil, der Schlussszene aus Goethes *Faust*, die Übernahme der Szenen- und Regieanweisungen. Im Falle von Mahlers *Achter* tritt darüber hinaus ein dramaturgisch tiefer gehendes Moment in Erscheinung, nämlich eine mit kompositorischen Mitteln imaginierte Inszenierung. Beispielhaft findet sich diese am Beginn des zweiten Teils, der *Anachoreten*-Szene (ab T. 167). Einerseits ist die echohafte Disposition der beiden Chöre eine mehr oder weniger direkte Umsetzung der Regieanweisung («Heilige Anachoreten, gebirgauf verteilt, gelagert zwischen Klüften. Chor und Echo»), ein Charakteristikum, das etwa auch im Schlussteil von Robert Schumanns *Szenen aus Goethes Faust* (1844–53) in Erscheinung tritt. Bei Mahler führt diese Szene zu einer in hohem Maße avancierten Textbehandlung, die zwar – ähnlich Schumann – von einem Alternieren der beiden Chorgruppen ausgeht, allmählich aber zu einer Zersplitterung und Fragmentierung der sprachlich-musikalischen Syntax führt. Mittels einer bis ins Detail kalkulierten Dramaturgie der Pausensetzungen löst Mahler nicht nur die Verseinheit auf, sondern innerhalb der einzelnen Stimmen auch die verschiedenen Vollständigkeitsgrade der sprachlichen Aussage (so vor allem ab T. 204). Damit wird die Sprache mehr und mehr zerstückelt und «zum klingenden Versatzstück, das beliebig wiederholt und verkürzt werden kann» (Wildhagen 2000: 308). Es ist also in erster Linie die Struktur von Mahlers Textvertonung selbst, die jene für die *Anachoreten*-Szene naturhaft-elementare (und in mancher Hinsicht noch «vorsprachliche») Zuständlichkeit widerspiegelt.

Mahlers Art der Textvertonung, aber auch die Kompilation zweier sehr unterschiedlicher Textgattungen – im 1. Teil die Vertonung des mittelalterlichen lateinischen Pfingsthymnus *Veni creator spiritus* («Komm, Schöpfer Geist»), im 2. Teil – wie erwähnt – die Schlussszene aus *Faust II* – hat zu sehr kontroversen Beurteilungen geführt. Das Spektrum reicht von einer «ungeheuerliche[n] Diskrepanz zwischen den beiden Textwelten», deren Kompilation «einem Gewaltakt gleichkomme» (Mayer 1966: 148 f.), bis zu einer äußerst sinnvollen und mit Goethes Denken durchaus vereinbaren Entscheidung Mahlers, den Pfingsthymnus mit der Schlussszene des *Faust* sinfonisch-symbolisch zusammenzuspannen (Borchmeyer 1994: 18). Mahlers Lesart des Hymnentextes ist fraglos subjektiv und in vieler Hinsicht sehr frei. Er gruppiert Strophen um, ändert die Versfolge innerhalb der Strophen, kürzt, ändert einzelne Wörter etc. Mahler interpretiert somit Texte, indem er sie – mit musikalischen Mitteln – neu erzählt. Nicht die philologische Integrität des Textes, sondern die künstlerische Ausdeutung von dessen geistiger Dimension steht im Vordergrund. Die Koppelung der beiden Texte, zwischen denen ein zeitlicher Abstand von ca. 1000 Jahren zu vermuten ist, mag zwar auf den ersten Blick irritierend sein, wird von Mahler aber durch gezielte motivisch-thematische Brückenbildungen und tonale Relationen zwischen den beiden Teilen sowie auch durch eine große Zahl an «Umstellungen von Wörtern, Zeilen und Versen» (Haller 2012: 185) unterstrichen. Mahler selbst hat bei der Generalprobe zur *Achten* auf eine derartige satzübergreifende Klammer hingewiesen, die der anwesende Anton von Webern wie folgt beschrieben hat: «Diese Stelle bei ‹accende lumen sensibus› [«Entflamme Sinne und Gemüt, dass Liebe unser Herz durchglüht»] – da geht die Brücke hinüber zum Schluss des ‹Faust›. Diese Stelle ist der Angelpunkt des ganzen Werkes.» (Moldenhauer 1980: 121). Mahler selbst hat gegenüber Richard Specht geäußert, dass «der ganze erste Satz [...] streng in der symphonischen Form gehalten» sei (Specht 1914), womit die Sonatensatzform gemeint ist. Dies trifft weitgehend zu, wirft aber die Frage auf, welche Relevanz die strophische Gliederung des Hymnentextes hat. In der Tat scheint in der Wechselwirkung zwischen Textdisposition (vor allem den Modifikationen, die Mahler am Text vorgenommen hat) und dem Anspruch der Sonatenform ein bedeutungsvolles Moment nicht nur der Struktur, sondern auch des Aussagegehalts des ersten Satzes zu liegen. Denn über die Sonatenform (und in vielen Fällen von größerer Bedeutung als diese) legt sich ein autonomes Bezugsfeld der Tonartendisposition, wobei vor allem ausgedehnte E-Dur-Felder, also deutliche Abweichungen von der Grundtonart (Es-Dur), eine entscheidende Rolle spielen. Markant tritt dies etwa im Zusammenhang mit dem Beginn des «Accende»-Abschnitts in Erscheinung, dessen erstes Erklingen (ab T. 262) die neue Tonart überraschend exponiert, lediglich vorbereitet durch ein viertaktiges Orchestersegment in der Dominante H, das zum unmittelbar vorangehenden C-Dur in denkbar großem Kontrast steht. Der erwähnte E-Dur-Höhepunkt im Adagio der 4. Sinfonie (dort T. 315 ff.) etwa spiegelt eine durchaus vergleichbare Szenerie der plötzlichen Aufhellung wider. In beiden Fällen geht dem E-Dur-Ausbruch eine «Luftpause» voran, und beide verweisen auf die Sphäre einer himmlischen Instanz (bei der *Vierten* als thematische Vorwegnahme des Finalsatzes *Das himmlische Leben*, bei der *Achten* im Sinne der Erfüllung durch den Heiligen Geist). Dass Mahlers Tonartendisposition in der Tat eine Eigenqualität zukommt, die durchaus in Konflikt zur Sonatenform steht, wird besonders beim zweiten E-Dur-Feld (ab T. 366) deutlich, das auch hier mit den «Accende»-Verszeilen in Zusammenhang steht. Zwar gehören beide dem Durchführungsteil an, allerdings lässt sich damit diese Schlüsselstelle des Hymnus keinesfalls auf ein zwar äußerst wirkungsmächtiges, aber im Grunde nur vorübergehendes Moment des ersten Teils der *Achten* reduzieren. Denn fraglos beanspruchen der «Accende»-Abschnitt und die Tonart E-Dur den Rang eines Hauptthemas bzw. einer Haupttonalität, die überdies eine ungemein bedeutsame Verklammerung mit dem zweiten Teil, der *Faust*-Szene, impliziert. Dort erfolgen sowohl die Anrufung der Mater gloriosa durch Doctor Marianus (T. 639 ff.: «Höchste Herrscherin der Welt») als auch deren tatsächliches Erscheinen (ab T. 780) in dieser Tonart, wobei Letzteres (entsprechend der Regieanweisung) mittels einer schwebenden, von den 1. Violinen, Harfe und Harmonium geprägten Klangmischung umgesetzt wird. Insbesondere Harfen (teilweise verstärkt durch das Klavier), Orgel oder Harmonium werden dabei zu Trägern einer «musica caelestis», die knapp vor dem Einsatz des «chorus mysticus» («Alles Vergängliche ist nur ein Gleichnis») ihre finale Bestätigung findet. Innerhalb der gedanklichen Entwicklung, die beide Teile der *Achten* verbindet – der Weg von der Erfüllung durch den Heiligen Geist bis zur finalen Erlösungsapotheose – nehmen somit die E-Dur-Felder eine Pfeilerfunktion ein.

Die Verwendung des «chorus mysticus» ist in der Oratorientradition der zweiten Hälfte des 19. Jahrhunderts durchaus verbreitet. Seine Funktion ist in der Regel die Verkündigung der trostvollen Botschaft eine himmlischen Instanz, etwas Außerweltliches, das nicht unmittelbar in das Handlungsgeschehen eingreift. Im Falle von Mahlers *Achter* jedoch wird die Thematik des chorus mysticus («Alles Vergängliche / Ist nur ein Gleichnis; / Das Unzulängliche / Hier wird's Ereignis; / Das Unbeschreibliche, / Hier ist's getan; / Das Ewig-Weibliche / Zieht uns hinan.») selbst handlungsaktiv. Sie durchreißt in der *ff*-Wiederkehr des *ppp*-Chorbeginns (ab T. 1506) das syntaktische Versprinzip, indem die zentrale Botschaft – der 4. Vers («Das

Ewig-Weibliche / zieht uns hinan») emphatisch in das dynamisch zurückgenommene Ende des 1. Verses einbricht. Und auch die Binnenstruktur dieses 4. Verses bleibt von diesem Ereignis nicht unberührt: «Das Ewig-Weibliche hinan»: So verkürzen die Männerstimmen die Zehnsilbigkeit zum Achtsilber. Ähnlich wie in der *Anachoreten*-Szene am Beginn des 2. Teils wird auch hier die Versintegrität aufgebrochen: nun allerdings nicht mehr im Sinne eines instrumentalen Prinzips der motivischen Verarbeitung und Variantenbildung, sondern als primär semantisch begründbare Intervention, durch die sich der Raum für die Apotheose öffnet.

Erinnerung – Zusammenbruch – Verstummen: die 9. Sinfonie

Besetzung: Picc., 4 Fl., 4 Ob. (4. auch Eh.), 3 Klar., Klar. in Es, Bassklar., 4 Fag. (4. auch Kontrafag.), 4 Hr., 3 Trp., 3 Pos., Basstuba, Pk. (2 Spieler), Schlagwerk (Kl. und Gr. Tr., Trgl., Becken, Tam-tam, Glsp., 3 tiefe Glocken), Hf., Streicher.
Entstehungszeit: Sommer 1909.
Erstaufführung: 26.6.1912, Wien.
Erstdruck: Wien 1912 (UE).
Kritische Gesamtausgabe: Mahler GA, Bd. 10, Wien 1969 (UE), Korr. Neuauflagen 1998, 2004.

Die triumphale Premiere der *Achten* am 12. September 1910 war auch die letzte seiner Sinfonien, die Mahler noch selbst dirigieren konnte (sowohl das *Lied von der Erde* als auch die 9. Sinfonie gelangten erst nach seinem Tod zur Uraufführung). Zwischen beiden letztgenannten Werken wurden – vor allem von Seiten seiner frühen Interpreten – deutliche Bezüge festgestellt. So war etwa Bruno Walter der Meinung, dass der Titel des finalen Gesangs aus dem *Lied von der Erde*, *Der Abschied*, gleichsam das Motto seiner *Neunten* bilden könnte (Walter 1981: 94). Für ihn, einen der engsten Weggefährten Mahlers, entsprangen beide Kompositionen demselben Stimmungsgehalt: Abschied und Tod. Diese Auffassung findet sich in zahlreichen Notizen und Rezensionen, am deutlichsten vielleicht in Willem Mengelbergs Eintragungen in seiner Dirigierpartitur dieses Werkes, der die *Neunte* mit «Abschied von *allen* die Er liebte – u. von der Welt – ! u. von Seiner Kunst, seinem Leben, seiner Musik» beschrieben hat. Kaum eindringlicher könnte die expressive Aura der *Neunten* als umfassender Ausdruck der Entsagung und des Todesbewusstseins zur Sprache kommen. Bestärkt wird diese Haltung durch Eintragungen in den Partiturentwurf, die gleichermaßen von Erinnerung an eine unwiderruflich vergangene Zeit («O Jugendzeit! Entschwundene! O Liebe! Verwehte!» zum Kopfsatz), als auch von der Unabänderlichkeit des Abschieds («O Schönheit! Liebe! Lebt wol! Lebt wol! Welt! Lebe wol!» zum Finalsatz) durchsetzt sind. All dies suggeriert eine enge Wechselwirkung zwischen realer Lebenserfahrung und deren künstlerischer Reflexion. Trotzdem erscheint Vorsicht geboten, allzu direkte Relationen zwischen Leben und Werk herzustellen. Denn einerseits ist die Aura des Todes bereits in vielen früheren Sinfonien (vor allem der *Ersten*, *Zweiten* und *Sechsten*) sowie in zahlreichen Liedern bestimmend, andererseits befand sich Mahler zur Zeit der Komposition seiner *Neunten* keineswegs in einer existentiellen, von konkreten Todesahnungen geprägten Krise.

Für den Kopfsatz der *Neunten* ist die allmähliche Genese des musikalischen Geschehens ebenso bedeutsam wie die auf ausgeprägte und dramatisch zugespitzte Steigerungsanlagen folgenden Phasen von Einsturz und Zusammenbruch. Der Satzbeginn reduziert sich auf wenige Elemente: eine rhythmische Figur im *pp*, dialogisierend zwischen Violoncelli und 4. Horn auf dem Ton A, ein in sich kreisendes, viertöniges Motiv der Harfe, und eine melodisch komplexere Figur des 2. Horns. Dieser (auch in seiner tonalen Bindung) eher offene, von äußerst knapper Gestik geprägte Klangraum, gewinnt erst mit dem Einsetzen der 1. Violinen (ab T. 7) thematisches Profil. Doch all diesen Elementen, die zu Beginn eher unscheinbar und wenig profiliert in Erscheinung treten, kommt im Laufe des Satzes bedeutendes Gewicht zu. Beispielhaft tritt dies am Ende der Durchführung in Erscheinung. Eine breit angelegte Steigerungsanlage (T. 278–308) kulminiert dort *Pesante (Höchste Kraft)* in einem Zitat aus dem 1. Satz des *Liedes von der Erde*, die dort zu den Worten

«Du aber, Mensch, [wie lang lebst denn du?]» (T. 295 ff.) erklingt. Es ist diese zentrale existentielle Frage, die in weiterer Folge zu einem Einstürzen des gesamten Orchesters führt, das in einer nun «mit höchster Gewalt» von Hörnern, Posaunen und Basstuba (in Verbindung mit einem *ff*-Schlag des Tam-tam) ausgeführten Kulmination der initialen rhythmischen Figur mündet, die im Laufe des Satzes konsequent die Funktion eines Leitrhythmus annimmt (T. 314 ff.). Aber auch die anfängliche Viertonfigur der Harfe (Fis – A – H – A) gewinnt markantes dramatisches, und über fast 30 Takte (T. 317–346) ständig präsentes Profil. Es ist kaum zu leugnen, dass diesem Durchführungsende eine schicksalhafte, von Todesbewusstsein bestimmte Aura zugrunde liegt, die Mahler nicht zuletzt durch die Anweisung «Wie ein schwerer Kondukt» (T. 327 ff.) präzisiert. Erst vor der Folie dieser, in ihrer klanglichen Forcierung einzigartigen Konzentration von Klimax und Zusammenbruch, vermag sich allmählich ein Weg zurück zu weitläufiger thematischer Entfaltung und damit einer Lösung des aufgestauten Spannungspotentials am Beginn der Reprise (T. 347) zu formieren.

So bestimmend der Zusammenbruch am Ende der Durchführung für das ist, was man als die narrative, vom Gestus der Erzählung geprägte Anlage des Kopfsatzes bezeichnen mag, so deutlich ist dieser vorbereitet durch einen ähnlich gearteten, wenngleich wesentlich knapper gehaltenen Abschnitt in einer früheren Phase der mit T. 108 beginnenden Durchführung. Eingeleitet durch die initiale Rhythmusformel (Hörner) und gefolgt von der viertönigen, in sich kreisenden Figur (Pauken, später Hörner und Trompeten), erklingen im Grunde nur Splitter früherer thematischer Gebilde, melodische Ansätze, die sich nicht realisieren. Und selbst dort, wo sich expansivere Linien zu entwickeln scheinen (wie in den T. 130 ff.), bleiben diese vorläufig und unerfüllt. Mahler demonstriert hier auf beeindruckende Weise, in welchem Maße nicht nur die Gestaltwerdung, sondern auch deren Gegenteil, die Auflösung und Dissoziation, essentielle Bestandteile seiner musikalischen Erzählung sind. Immer wieder fällt das musikalische Geschehen in solch geradezu elementare, noch vormotivische Klangfelder zurück, aus denen sich erst allmählich ein expressiv-kantabler Duktus entfaltet. Seine Anweisungen «zart gesungen» für die ab T. 152 vom 1. Horn ausgeführte Variante des Hauptthemas und deren «innig gesungene» Antworten in den 1. Violinen sind mehr als bloße Anweisung für die Orchestermusiker. Sie markieren vielmehr das, was wesentlich nachhaltiger als die formale Anlage im Sinne der Sonatenform diesen Satz ausmacht: die Erfahrung nämlich, dass jede Erwartung einer ungetrübten gesanglichen Entfaltung des motivisch-thematischen Geschehens vorläufig ist und in ihr Gegenteil umschlagen kann. Aber auch die Phase des Einsturzes und des Zusammenbruchs entbehrt der Endgültigkeit. In den T. 201 ff. vollzieht sich dies – nach einer von Mahler durch «Mit Wut» bezeichneten dramatischen Zuspitzung – innerhalb weniger Takte: Wie in einem Schock zerbirst die Musik und verliert ihre innere Verfasstheit. Sie realisiert auf formaler Ebene das von Mahler vorgeschriebene «morendo» (T. 210), die totale Zurücknahme alles dessen, was eine größere musikalische Entwicklung erwarten lässt. Und trotzdem formiert sich ab T. 211 ein «Leidenschaftlich» ansetzendes weiteres Kapitel in Mahlers Erzählung: das erstmals ab T. 29 exponierte Seitenthema, das sich nun über 30 Takte zu behaupten vermag, unvermittelt in leisestem dynamischen Register verklingt, sich in einer von Mahler mit «schattenhaft» überschriebenen Episode (ab T. 254) neu (in Richtung des Hauptthemas) formiert und mit dem «weich geblasenen» Einsatz der in parallelen Terzen geführten Hörner (T. 267) eine neue Gestalt einnimmt. Mahler hat diese Stelle im Partiturentwurf («O Jugendzeit! Entschwundene! O Liebe! Verwehte!») auch gehaltlich präzisiert: Erinnerung, in der Verklärung und Verlusterfahrung eng miteinander verknüpft sind. Als Kontrapunkt zu der lyrischen Hörnerepisode erklingt in den Soloviolinen (ab T. 269) ein auffälliges, mit einem aufsteigenden Großsextsprung «zart, aber ausdrucksvoll» ansetzendes Motiv. Es ist auf nur zwei Takte beschränkt, und trotzdem manifestiert sich hier Erinnerung in einer anderen Weise. Mahler zitiert ein kurzes Segment des Walzers «Freuet Euch des Lebens», op. 340, von Johann Strauß jun. Diese Kombination von absteigendem Sekundintervall der in

Terzen geführten Hörner mit einem im Wesentlichen auf den Sextsprung reduzierten Fragment des erwähnten Walzers bildet auch den Schluss des Kopfsatzes: Erinnerung, die aber nicht festhält, sondern das Geschehene im ersterbenden Klang der Bläser in das Verstummen entlässt.

Nach der so subtil erzählenden Gestaltung des Kopfsatzes scheint ein größerer Kontrast als jener, den der 2. Satz («Im Tempo eines gemächlichen Ländlers. Etwas täppisch und sehr derb», 3/4-Takt, C-Dur) darstellt, kaum vorstellbar. In der Tat handelt es sich um äußerst divergierende Ausdruckswelten, die aber trotzdem Tendenzen des Kopfsatzes aufgreifen. Mahler hat diesen Satz ursprünglich (im Partiturentwurf) als «Scherzo» tituliert und dies nachträglich durch «Menuetto infinito» ersetzt. Keine dieser Bezeichnungen hätte der Anlage dieses Satzes entsprochen. Es handelt sich vielmehr um drei Tänze, zwei von Mahler als «Ländler» bezeichnete, und einen weiteren, der erst in einem weit fortgeschrittenen Stadium (T. 405 bzw. 432) als «Walzer» konkretisiert wird. Was nach der Bedeutungsschwere des Kopfsatzes am meisten verwundern mag, ist der scheinbar naive und keineswegs dem Anspruch hoch stehender Sinfonik entsprechende Tonfall dieses 2. Satzes. Allerdings verbergen sich vor dieser Folie des nach außen hin wenig Kunstvollen außerordentlich innovative Tendenzen. Theodor W. Adorno hat diesen Satz zu Recht als «erste[n] exemplarische[n] Fall musikalischer Montage» beschrieben, «Strawinsky vorwegnehmend ebenso durch die zitathaften Themen wie durch ihre Dekomposition und schiefe Wiedervereinigung» (Adorno 2019: 304). Auffällige Unregelmäßigkeiten werden bereits in den ersten Takten offenkundig. Zunächst folgt einem auf Motivrepetition basierenden zweitaktigen Vordersatz im Nachsatz ein sequenzierendes Gegenmotiv. Diese viertaktige Konstellation scheint sich zunächst zu wiederholen, wird aber bereits nach dem ersten Sechzehntelmotiv des Vordersatzes vom Nachsatz abgebrochen, der seinerseits nur in einer verstümmelten Fassung in Erscheinung tritt.

Damit konterkariert Mahler aber auch das, was man von einem Tanz, gar einem derb-rustikalen, erwarten könnte, nämlich regelmäßige Taktgruppierungen und generell eine «gerade Anzahl von Takten» (Maurer-Zenck 2010: 368). Und auch wenn in T. 10 eine von Mahler als «schwerfällig» bezeichnete Ländlermelodie im *ff* anhebt, sind es vor allem die Störfaktoren, die vordergründig in Erscheinung treten: so etwa die *sforzati* auf der 2. Zählzeit, der Verzicht auf ein Phrasenende im 4. Takt oder gar einen Abschluss der thematischen Einheit mit dem 8. Takt. Überdies kommt es zu einer zunehmenden Durchdringung von motivischen Elementen der Einleitung (T. 1–9) und dem Ländlermodell (ab T. 10). Das Wesen dieses Satzes ist parataktisch, das Nebeneinanderstellen und Überlagern von Motiven und Thementeilen, die zwar deutlich der Ländleridiomatik verhaftet sind, aber im Grunde höchst labile, permanent von Dekonstruktion gefährdete Texturen bilden. Parataxe führt im Extremfall aber auch zu Zersplitterung und Fragmentierung eines thematischen Gefüges, wie dies besonders im Übergang zum zweiten Tanz, einem mit T. 90 einsetzenden Walzer in E-Dur der Fall ist. Doch auch dieser bleibt merkwürdig fragil, widersetzt sich einer klaren Periodisierung, und löst sich – vor allem im Übergang zum langsamen Ländler (der ab T. 218 beginnt) – in einzelne Partikel auf. Die Unabgeschlossenheit und Offenheit, beliebig auch Elemente der jeweils anderen Tänze aufzugreifen, der zunehmende Verzicht also auf deren plastische Identität, führt am Ende zur völligen Auflösung in Bruchstücke und verstreute Reminiszenzen, die keiner Entwicklung mehr fähig sind. Folgerichtig erfolgt der Abschluss des Satzes nicht auf thematischer Ebene, sondern einzig und allein durch die kadenzierende Wendung Dominante – Tonika: auch sie weniger Resultat eines zwingenden formalen Prozesses, sondern allenfalls schlussbildendes tonales Partikel.

Der 3. Satz (Rondo-Burleske, alla breve, a-Moll), von Adorno als «Mahlers einziges Virtuosenstück, kompositorisch nicht weniger als für das Orchester» gerühmt (Adorno 2019: 304), zählt fraglos zu den besonders zukunftsweisenden in Mahlers Spätwerk. Die Modernität dieses Satzes resultiert dabei weniger auf der Ebene thematischer Entwicklungen, sondern vielmehr auf der außerordentlich spannungs- und dissonanzreichen Harmonik in Verbindung mit einer geradezu atemlosen Bewegungsdynamik, die einzig in der ausgedehnten Episode in D-Dur (ab T. 347) zur Ruhe kommt. Unruhig ist aber auch der formale Verlauf selbst, denn die nach außen hin leicht überschaubare Rondoanlage geht mit sehr vielfältigen und stilistisch stark divergierenden Werk- und Stilzitaten einher. Rückgriffe auf populäres Operettenrepertoire wie etwa dem *Weibermarsch* aus Franz Lehárs Operette *Die lustige Witwe* in der 1. Episode (ab T. 109) kontrastieren mit drei ausgedehnten Fugato-Abschnitten (ab T. 79, 209 und 311) und einer wiederum völlig anders gearteten, lyrisch in sich gekehrten Episode in D-Dur (ab T. 347). Der markante Kontrast zum bisherigen Satzverlauf liegt wesentlich in ihrem Innehalten und in der Öffnung für einen Ausdrucksgestus, der zugleich eine markante Brücke zum Finalsatz herstellt. Es handelt sich um ein Doppelschlagmotiv, bei dem ein Zentralton (fis) durch seine Ober- und Untersekunde (g und e) umkreist wird: eine hochexpressive motivische Geste, die im Kontext der wild zerfurchten Rondo-Burleske kaum zu erwarten ist. Umso mehr mag es überraschen, dass gerade dieses zutiefst lyrische Stilmittel einem Motiv entstammt, das bereits markant am Beginn des vorangegangenen Fugato und mehrfach in dessen weiterem Verlauf in Erscheinung getreten ist. Zwar suggeriert dieser Episodenbeginn den Durchbruch einer in sich gekehrten, geradezu transzendenten Klangwelt, die in einer breit angelegten Steigerungspartie kulminiert (ab T. 404), die Vision der Überwindung jener hektisch-aufgeregten Turbulenz, die bis dahin weitgehend das Geschehen bestimmt hat, aber nicht einzulösen vermag. Und es überrascht nicht, dass in weiterer Folge die so kontrastierenden Ausdruckssphären, jene des Doppelschlagmotivs und jene des Rondobeginns, kaum noch vermittelt werden, sondern in zunehmendem Maße konkurrieren, wobei sich Letzterer durchsetzt und mit einer furiosen, jeglichen Lyrizismus niederwalzenden Stretta (ab T. 617) endet.

Erst im Finalsatz (Adagio, 4/4-Takt, Des-Dur) vermag sich jene lyrisch-expressive (wesentlich auf dem Doppelschlagmotiv beruhende) Aura zu entfalten, der in der Rondo-Burleske nur vorläufige Präsenz beschieden war. Bereits mit den beiden emphatischen, unisono von den Violinen ausgeführten Einleitungstakten, einem aufsteigenden Oktavsprung, gefolgt vom Doppelschlag und einem breit angelegten, in Sekundschritten absteigenden Duktus, der in T. 3 (Molto adagio) in einen ruhig fließenden, kantablen Streichersatz mündet, scheint das musikalische Geschehen jene innere Ruhe zu finden, die ihm in der Rondo-Burleske versagt blieb. Doch auch dieses Versprechen erweist sich als trügerisch. Mehrfach kippt der füllige Streichersatz jäh und unerwartet in eine sparsam-kammermusikalische und klanglich stark kontrastierende Textur (etwa in den T. 11 f. sowie T. 28–48), die den gesamten, aus drei Strophen und anschließender Coda bestehenden Satz wesentlich bestimmt (siehe hierzu Utz 2011: 351 ff.). Das progressive Anwachsen dieser Strophen [1. Strophe: 48 Takte, 2. Strophe: 59 Takte (T. 49–107), 3. Strophe und Coda: 78 Takte (T. 108–185)] resultiert dabei aus der zunehmenden Ausweitung der luzid-kammermusikalischen Texturen. Wie stark der 3. und 4. Satz durch das Doppelschlagmotiv aufeinander bezogen sind, wird dabei vor allem in der 2. Strophe evident, in der Mahler statt des erwarteten Höhepunktes eines breit angelegten, vor allem streicherdominierten Tutti (besonders T. 64–72) einen Abschnitt der lyrisch-verhaltenen D-Dur-Episode der Rondo-Burleske zitiert (ab T. 73). Generell lassen die Tutti-Teile (T. 3–27, 49–72, 107–145) eine zunehmende Intensivierung erkennen, die ab T. 118 zu einem markanten, durch den einzigen Beckenschlag dieses Satzes akzentuierten Höhepunkt führt. Nach den bisher vergeblichen Steigerungswellen scheint in diesem Moment der Durchbruch, die Erfüllung eines lange hinausgezögerten Energiestaus vollzogen. Zwar vermag sich das Wechselspiel von sattem Tuttisatz und plötzlichem dynamischen Einbruch ins *pp* (meist in Verbindung mit Rückgriffen auf die erwähnte Episode des 3. Satzes) zunächst noch zu behaupten, insgesamt aber (dies besonders ab T. 146) tendiert das musikalische Geschehen konsequent in Richtung Fragmentierung, einem Amalgam von Erinnerung (wesentlich auf Basis des bereits im Kap. «Affirmation und ersterbendes Ende» erwähnten Zitats aus dem vierten *Kin-*

dertotenlied) und allmählichem Verstummen. Das Finale entzieht sich radikal jeglichem Anschein von Affirmation: Lediglich die Doppelschlagfigur, im vorletzten Takt in Umkehrung, verbleibt als einziges (und für dieses Werk wohl zentrales) motivisches Relikt innerhalb dieses ersterbenden Sinfonieschlusses.

Vollendeter Torso?: die 10. Sinfonie

Besetzung: 4 Fl. (4. auch Picc.), 4 Ob., 4 Klar., 4 Fag. (3. und 4. auch Kontrafag.), 4 Hr., 4 Trp., 4 Pos., Basstuba, Pk., Schlagwerk (Gr. Tr., Becken, Tam-tam), Hf., Streicher.
Entstehungszeit: Sommer 1910.
Erstaufführungen: 12.10.1924, Wien (nur Adagio und Purgatorio [3. Satz] in der Fassung von Ernst Krenek, mit Änderungen von Franz Schalk); 13.8.1964, London (komplett: Fassung von Deryck Cooke und Berthold Goldschmidt).
Erstdrucke: Wien und Leipzig 1924 (Faksimile-Ausg. des Ms.); München und Meran 1967 (Faksimile nach der Handschrift, hrsg. von Erwin Ratz).
Gesamtausgabe: Mahler GA, Bd. XIa (nur Adagio), Wien 1964 (UE): editorisch mangelhafte Edition.
Textkritische Edition aller 5 Sätze (Fassung von Cooke, Goldschmidt, Colin und David Matthews), New York [und London] 1976, 1989.

Mahler konnte seine 10. Sinfonie nicht mehr vollenden. Wie üblich arbeitete er in den Sommermonaten 1910 intensiv an diesem Werk, wobei die kompositorische Arbeit durch eine tiefe persönliche Krise aufgrund eines Verhältnisses seiner Gattin Alma mit dem Architekten Walter Gropius allerdings stark belastet wurde und auch in zahlreichen, zutiefst berührenden verbalen Annotationen Ausdruck findet. Im letzten, von Krankheiten geprägten Winter vor seinem Tod am 18. Mai 1911, vermochte es Mahler nicht mehr, das Werk zu vollenden. Allerdings hatte er noch im Sommer 1910 die fünfsätzige Werkanlage in einem Particell niedergeschrieben. Auf dieser Basis wurden mehrere Aufführungsfassungen erstellt, wobei jene von Deryck Cooke und seinen Mitarbeitern die bis heute meist aufgeführte ist. In Partitur konnte Mahler nur den ersten Satz (Adagio, 4/4-Takt, Fis-Dur) vollenden, wobei selbst hier eine Überarbeitungsschicht, die er (wie etwa bei seiner 9. Sinfonie) mit Blaustift in die Partitur eingetragen hat, fehlt, somit also nur mit Vorsicht von einer tatsächlich definitiven Version gesprochen werden kann. Trotz alledem ist die Instrumentation in einer Weise ausgearbeitet, die problemlos eine Konzertaufführung zulässt. Ungewöhnlich ist zunächst die ausgedehnte, alleine von den Violen ausgeführte und 15 Takte umfassende Einleitung, die in weiterer Folge noch mehrfach modifiziert aufgegriffen wird (so in den T. 39–48 und 105–111). Sie bildet überdies die Grundlage für eine «insgesamt zehn Mal als Hauptstimme anzutreffende Variante», die erstmals ab T. 28 in Erscheinung tritt (Rothkamm 2010: 381). Insgesamt lassen sich nach dieser Einleitung, die an die «traurige Weise» des Englischhorns in Wagners *Tristan und Isolde* (3. Akt) bzw. an deren Version in Franz Liszts *Trauergondel Nr.* 2 erinnert (Rothkamm 2003: 101 f.), zwei kontrastierende Themen (T. 16–27 und 28–39) unterscheiden: Das erste Thema steht zur Einleitung mit seiner expansiven Melodik, den weiten Intervallsprüngen und der fülligen von Streichern und Posaunen geprägten Faktur in deutlichem Kontrast. Das zweite Thema (in fis-Moll) weist zwar durch die zunächst dominierende Sechzehntelbewegung eigenständige Züge auf, integriert aber ab T. 31 Elemente des anfänglichen Violenthemas. Insgesamt lässt sich dieser Satz als Sonatenform mit Einflüssen der Doppelvariation beschreiben. Über diesen formalen Aufbau legt sich allerdings eine vor allem zum Satzende hin zunehmende Intensivierung von Auflösungsfeldern, die sich bereits in den T. 77 ff. sowie wenige Takte vor Beginn der Durchführung (ab T. 105) andeuten. In der mit T. 141 einsetzenden Reprise ist die Durchmischung der beiden Themen (und in weiterer Folge auch einer von den 1. Violinen ausgeführten, sukzessiv verklingenden Variante der Einleitung) in einem Maße vollzogen, die kaum noch eine eindeutige Themenzuordnung möglich macht. Umso überraschender ist allerdings ein vollkommen unvermittelt einbrechender *ff*-Choral in as-Moll (T. 194), geprägt durch eine über fünf Takte reichende, von Harfen- und Streicherarpeggi bestimmte Klangfülle, an die sich wenige Takte später ein Abschnitt anschließt, der fraglos zu den kühnsten und zukunftsweisenden Entscheidungen in Mahlers gesamtem sinfonischen Œuvre zu rechnen ist. Es handelt sich um einen nach und nach aufgebauten, aus neun verschiedenen Tönen bestehenden Akkord, der – verbunden durch ein zweigestrichenes a der Trompeten – zwei Mal im *ff* erklingt (T. 204 ff. und 208). Wie sehr sich Mahler der Radikalität dieser Wirkung bewusst war, wird anhand einer Äußerung deutlich, nach der die für ihn traumatische Erfahrung von Almas Liebesaffäre mit Gropius, in deren Folge er Sigmund Freud in Leiden (Niederlande) konsultiert hat, kompositorische Gestalt findet. Auf der Rückreise nämlich schrieb Mahler an Alma die bedeutungsschweren Sätze, die die expressive Gewalt jenes herausragenden Abschnitts der *Zehnten* auf eindrucksvolle Weise dokumentieren: «Zusammen floss zu einem einzigen Akkord / Mein zagend Denken und mein brausend Fühlen» (La Grange/Weiß 1995: 452). Mahler setzt damit einen Schritt in eine völlig neue, in ihrer Dissonanzschärfe bisher ungeahnte Harmonik: Sie ist Zeichen der enormen emotionalen Schockwirkung, vergleichbar etwa dem bitonalen *fff*-Ausbruch in jener Szene aus Richard Strauss' Oper *Elektra*, in der diese Orest erkennt, oder dem Todesakkord von Lulu in Bergs gleichnamiger Oper. Und es ist eine Variante ebendieses extrem dissonierenden Neuntonakkords, mit dem Mahler eine Klammer zum Finalsatz herstellt (dort T. 275 ff.).

Im auf diesen exzeptionellen Klang folgenden Epilog des Kopfsatzes findet die Fusion von Elementen der verschiedenen Themen ihren endgültigen Vollzug, und die einzelnen Themenbruchstücke vermögen sich kaum noch zu entwicklungsfähigen Gebilden zu formieren. Indem letztlich einzig Fragmente das Material der Schlussereignisse dieses Satzes bilden, werden die Unterschiede ihrer Herkunft weitgehend neutralisiert. Ähnlich dem Ende des *Liedes von der Erde* und der Neunten Sinfonie sind es Abschied und Erinnerung, integriert in einen sukzessiven Prozess der Auflösung musikalischer Strukturen. Radikal verzichtet Mahler auf den Schein versöhnlichen Schließens und das Erreichen eines Ziels. An deren Stelle tritt das Verstummen musikalischen Ausdrucks als sprachlose Gebärde, in der Abschied und Erinnerung selbst aufgelöst werden. Der emphatische Aufschwung in den letzten Takten des Finalsatzes, den Mahler mit den Worten «Almschi» und darüber «für dich leben / für dich sterben» annotiert hat, mag nach außen hin als Ausfluss seiner zur Zeit der Komposition der *Zehnten* verzweifelten psychischen Situation aufgefasst werden. In einer tieferen, primär das musikalische Geschehen selbst reflektierenden Bedeutung, ist es die Konsequenz, das Verstummen der Musik selbst nicht nur zu akzeptieren, sondern in diesem eine bislang unerhörte geistige Dimension weiterwirken zu lassen. Die Zehnte Sinfonie ist ein Torso: aber gerade dieser Torso verweist auf Welten und geistige Räume, die sich einer zwingenden Kausalität entziehen, die eher grundlegende existentielle Fragen stellen, als diese zu beantworten: vielleicht liegt gerade darin ihr eigentlich Vollendetes.

Literaturverzeichnis

Briefe, Erinnerungen, Dokumente

Briefe: «GMB 1996»: *Gustav Mahler. Briefe*, hrsg. von Herta Blaukopf, Wien 1996 (Neuausgabe, zweite rev. Auflage); «GMUB 1983» (*Gustav Mahler. Unbekannte Briefe*, hrsg. von Herta Blaukopf, Wien 1983); *La Grange/Weiß* 1995: Henry-Louis de La Grange/Günther Weiß (Hrsg.), Ein *Glück ohne Ruh'. Die Briefe Gustav Mahlers an Alma*, Berlin 1995; *Verehrter Herr College! Briefe an Komponisten, Dirigenten, Intendanten*, hrsg. von Franz Willnauer, Wien 2010.

Erinnerungen: «AME»: *Alma Mahler-Werfel, Erinnerungen an Gustav Mahler*, hrsg. von Donald Mitchell, Frankfurt a. M./Berlin 1971; «NBL 2»: Herbert Killian, *Gustav Mahler in den Erinnerungen von Natalie Bauer-Lechner*, Hamburg 1984; *Walter 1981*: Bruno Walter: *Gustav Mahler. Ein Portrait*, Wilhelmshaven 1981.

Biographisches: *HLG*: Henry-Louis de La Grange: *Gustav Mahler*: *HLG 1*: Gustav Mahler, New York 1973; *HLG 2*: *Vienna: The Years of Challenge*; *HLG 3*: *Vienna: Triumph and Disillusion; HLG 4*: *New Life Cut Short* (*HLG 2–4*: Oxford/New York 1995, 1999, 2008); Jens Malte Fischer, *Gustav Mahler. Der fremde Vertraute*, Wien 2003.

Handbücher: Bernd Sponheuer/Wolfram Steinbeck (Hrsg.) *Mahler-Handbuch*, Stuttgart 2010; Peter Revers, Oliver Korte (Hrsg.), *Gustav Mahler. Interpretationen seiner Werke*, 2 Bde., Laaber 2011.

Gesamtdarstellungen: *Adorno 2019*: Theodor W. Adorno, *Mahler. Eine musikalische Physiognomik*, in: ders., Gesammelte Schriften, hrsg. von Rolf Tiedemann, Bd. 13, Frankfurt a. M. 2019 (5. Auflage), S. 149–319; *Danuser 1991*: Hermann Danuser, *Gustav Mahler und seine Zeit*, Laaber 1991; *Floros I*: Constantin Floros, *Gustav Mahler I. Die geistige Welt Gustav Mahlers in systematischer Darstellung*, Wiesbaden 1977; *Floros II*: Constantin Floros, *Gustav Mahler II. Mahler und die Symphonic des 19. Jahrhunderts in neuer Deutung*, Wiesbaden 1977. *Floros III:* Constantin Floros, *Gustav Mahler. Die Symphonien*, Wiesbaden 1985. *Mitchell 2003/2005*: Donald Mitchell, *Gustav Mahler. The Early Years*; ders.: *Gustav Mahler. The Wunderhorn Years*; ders., *Gustav Mahler. Songs and Symphonies of Life and Death*, Woodbridge 2003, 2005; Mitchell/Nicholson 1999: *The Mahler Companion*, Oxford Univ. Press 1999; *Barham 2007*: Jeremy Barham (ed.), *The Cambridge Companion to Mahler*, Cambridge Univ. Press 2007.

Einzeldarstellungen

Appel 1996: Bernhard R. Appel, Art. *Humoreske*, in MGG 2, Sachteil Bd. 4, Sp. 454–458.

Barham 2018: Jeremy Barham, *‹The Ghost in the Machine›: Thomas Koschat and the* volkstümlich *in Mahler's Fifth Symphony*, in: *Nineteenth Century Music*, Vol. 15/3, S. 329–352.

Bekker 1921/2016: Paul Bekker: *Gustav Mahlers Sinfonien*, Berlin 1921 (Repr. der 1. Aufl.: 2016).

Berlioz/Strauss 1905: Hector Berlioz, *Instrumentationslehre*, ergänzt und revidiert von Richard Strauss, Leipzig 1905.

Bloom 1997: Harold Bloom, *The Anxiety of Influence: A Theory of Poetry*, New York 1997.

Borchmeyer 1994: Dieter Borchmeyer, *Gustav Mahlers Goethe und Goethes Heiliger Geist. Marginalie zur Achten Symphonie aus aktuellem Anlaß*, in: *Nachrichten zur Mahlerforschung* 32 (1994), S. 18–20.

Bruck 2004: Jerry Bruck: *Undoing a Tragic Mistake*, in: Gilbert Kaplan (ed.), *The Correct Movement Order in Mahler's Sixth Symphony*, New York 2004, S. 13–35.

Celestini 2006: Federico Celestini, *Die Unordnung der Dinge. Die musikalische Groteske in der Wiener Moderne (1885–1914)*, Beihefte zum Archiv für Musikwissenschaft 56, Stuttgart 2006.

Cooke 1980: Deryck Cooke: *Gustav Mahler: An Introduction to his Music*, London 1980.

Eggebrecht 1986: Hans Heinrich Eggebrecht, *Die Musik Gustav Mahlers*, München 1986, 2. Aufl.

Feder 1997: Stuart Feder, *Before; Gustav Mahler and ‹Das Ewig Weibliche›*, in: Stephen Hefling (ed.), *Mahler Studies*, Cambridge 1997, S. 78–109.

Fischer 2010: Jens Malte Fischer, *Mahler. Leben und Umwelt*, in: Sponheuer/Steinbeck (Hrsg.), *Mahler Handbuch*, Stuttgart 2010, S. 14–59.

Gülke 2011: *Dazwischen nur einer: Mahler und Beethoven*, in: Erich Wolfgang Partsch und Morten Solvik (Hrsg.), *Mahler im Kontext/Contextualisierung Mahler*, Köln – Weimar 2011, S. 397–406.

Gutmann 1983: Emil Gutmann: *Gustav Mahler als Organisator*, in: GMUB 1983; S. 87–91.

Haller 2012: Silja Haller, *Wort-Ton-Gestaltung in der Sinfonik Gustav Mahlers*, Potsdam 2012.

Hanheide 2004: Stefan Hanheide, *Mahlers Visionen vom Untergang*, Osnabrück 2004.

Hansen 2011: Matthias Hansen, *Sechste Symphonie*, in: Revers/Korte (Hrsg.), *Gustav Mahler – Interpretationen seiner Werke*, Laaber 2011, Bd. 2, S. 52–86.

Hansen 2015: Matthias Hansen, *Gustav Mahler*, Mainz 2015.

Hefling 2011: Stephen Hefling, *Zweite Symphonie*, in: Revers/Korte

(Hrsg.), *Gustav Mahler – Interpretationen seiner Werke*, Laaber 2011, Bd. 1, S. 210–288.

Indorf 2010: Gerd Indorf, *Mahlers Sinfonien*, Freiburg i. Br./Berlin/Wien 2010.

Johnson 2009: Julian Johnson, *Mahler's Voices*, Oxford Univ. Press 2009.

Karbusicky 1978: Vladimir Karbusicky, *Gustav Mahler und seine Umwelt*, Darmstadt 1978.

Korngold 1907: Julius Korngold, *Feuilleton. Musik*, in: *Neue Freie Presse*, 26.11.1907 http://anno.onb.ac.at/cgi-content/anno?aid=nfp&datum=19071126&seite=1&zoom=33.

Korngold 1910: Julius Korngold, *Mahlers Achte Symphonie*, in: *Neue Freie Presse* (14.9.1910).

Krummacher 1991: Friedhelm Krummacher: *Gustav Mahlers III. Symphonie. Welt im Widerbild*, Kassel 1991.

Kubik 2004: Reinhold Kubik: *Analysis versus History. Erwin Ratz and the Sixth Symphony*, in: Gilbert Kaplan (ed.), *The Correct Movement Order in Mahler's Sixth Symphony*, New York 2004, S. 37–43.

Kubik 2010: Reinhold Kubik, *Vorwort*, in: Gustav Mahler, *Symphonie Nr. 6*; Neue Kritische Gesamtausgabe. Bd. VI, Frankfurt a. M. 2010, S. XIII–XXII.

Kubik/Hefling 2019: Reinhold Kubik/Stephen Hefling: *Vorwort*, in: Gustav Mahler, *Titan. Eine Tondichtung in Symphonieform in zwei Teilen und fünf Sätzen*, Neue Kritische Gesamtausgabe Supplement, Bd. V, Wien 2019.

Maurer-Zenck 1976: Claudia Maurer-Zenck, *Technik und Gehalt im Scherzo von Mahlers Zweiter Symphonie*, in: *Melos/NZ* 2, 1976, S. 179–186.

Maurer-Zenck 2010: Claudia Maurer-Zenck, *Neunte Symphonie*, in: Sponheuer/Steinbeck (Hrsg.), *Mahler Handbuch*, Stuttgart/Weimar 2010, S. 362–379.

Maurer-Zenck 2011: Claudia Maurer-Zenck, *Dritte Symphonie*, in: Revers/Korte (Hrsg.), *Gustav Mahler – Interpretationen seiner Werke*, Laaber 2011, Bd. 1, S. 289–354.

Mayer 1966: Hans Mayer, *Musik und Literatur*, in: *Gustav Mahler*, Tübingen 1966, S. 142–156.

Mengelberg 1923: Rudolf Mengelberg, *Gustav Mahler*, Leipzig 1923.

Micznik 1996: Micznik, Vera, *The Farewell Story of Mahler's Ninth Symphony*, in: 19th Century Music 20 (1996), S. 144–166.

Mitchell 2007: Donald Mitchell: *Discovering Mahler*, Woodbridge 2007.

Moldenhauer 1980: Hans und Rosaleen Moldenhauer, *Anton Webern*, Zürich/Freiburg i. Br. 1980.

Monahan 2015: Seth Monahan, *Mahler's Symphonic Sonatas*, Oxford Univ. Press 2015.

Oechsle 1992: Siegfried Oechsle, *Symphonik nach Beethoven: Studien zu Schubert, Schumann, Mendelssohn und Gade*, Kassel etc. 1992.

Oechsle 2010: Siegfried Oechsle, *Sechste Symphonie*, in: Sponheuer/Steinbeck (Hrsg.), *Mahlers Handbuch*, Stuttgart/Weimar 2010, S. 286–311.

Peattie 2015: Thomas Peattie, *Gustav Mahler's Symphonic Landscapes*, Cambridge Univ. Press 2015.

Reilly 1999: Edward R. Reilly, *Todtenfeier and the Second Symphony*, in: Donald Mitchell, Andrew Nicholson (ed.), *The Mahler Companion*, Oxford Univ. Press 1999, S. 84–125.

Revers 2000: Peter Revers, *Mahlers Lieder*, München 2000.

Revers, W. J. 1985: Wilhelm Josef Revers, *Psyche und Zeit*, Salzburg/München 1985.

Roch 2011: Eckhard Roch, *Erste Symphonie*, in: Revers/Korte (Hrsg.), *Gustav Mahler – Interpretationen seiner Werke*, Laaber 2011, Bd. 1, S. 88–126.

Rothkamm 2003: Jörg Rothkamm, *Gustav Mahlers Zehnte Symphonie*, Frankfurt a. M. 2003.

Rothkamm 2010: *Zehnte Symphonie*, in: Sponheuer/Steinbeck (Hrsg.), *Mahler Handbuch*, S. 380–389.

Schadendorf 1995: Mirjam Schadendorf, *Humor als Formkonzept in der Musik Gustav Mahlers*, Stuttgart 1995.

Schönberg 1976: Arnold Schönberg, *Mahler*, in: ders., *Stil und Gedanke* (Gesammelte Schriften 1), hrsg. von Ivan Vojtěch, Frankfurt a. M. 1976, S. 7–24.

Specht 1913: Richard Specht: *Gustav Mahler*, Berlin 1913.

Specht 1914: Richard Specht: *Zu Mahlers Achter Symphonie*, in: *Tagespost*, Graz, 59. Jg., Nr. 150 (14.6.1914).

Sponheuer 1978: Bernd Sponheuer, *Logik des Zerfalls. Untersuchungen zum Finalproblem in Gustav Mahlers Symphonien*, Tutzing 1978.

Steinbeck 2001: Wolfram Steinbeck, *Gustav Mahler und das Scherzo*, in: Bernd Sponheuer/Wolfram Steinbeck (Hrsg.), *Gustav Mahler und die Symphonik des 19. Jahrhunderts*, Frankfurt a. M. 2001, S. 63–79.

Steinbeck 2010: Wolfram Steinbeck, *Erste bis Vierte Symphonie: «Eine durchaus in sich geschlossene Tetralogie»*, in: Sponheuer/Steinbeck, *Mahler Handbuch*, Stuttgart 2010, S. 217–268.

Stephan 1981: Rudolf Stephan, *Zum Thema «Bruckner und Mahler»*, in: *Gustav Mahler-Kolloquium 1979*, hrsg. von der Österreichischen Gesellschaft für Musik, Kassel etc. 1981, S. 76–83.

Stoll-Knecht 2017: Anna Stoll-Knecht: *«Die Meistersinger» in Mahler's Seventh Symphony*, in: Jeremy Barham (ed.), *Rethinking Mahler*, Oxford/New York 2017, S. 105–125.

Stoll-Knecht 2019: Anna Stoll-Knecht: *Mahler's Seventh Symphony*, Oxford Univ. Press 2019.

Utz 2011: Christian Utz, *Neunte Symphonie*, in: Revers/Korte (Hrsg.), *Gustav Mahler. Interpretationen seiner Werke*, Laaber 2011, Bd. 2, S. 294–363.

Wandel 1999: Juliane Wandel: *Die Rezeption der Symphonien Gustav Mahlers zu Lebzeiten des Komponisten*, Frankfurt a. M. 1999.

Wildhagen 2000: Christian Wildhagen: *Die Achte Symphonie von Gustav Mahler*, Frankfurt a. M. 2000.

Personenregister

Werkregister